Lukasz-Aden

Sag mir, wie die Männer sind

Gudrun Lukasz-Aden

Sag mir, wie die Männer sind.

Protokolle mit Jägern und Sammlern

1946 - 1996

Verlag Das Neue Berlin

Für Knut und Kurt

Inhalt

Vorwort

Männer begehren Frauen. Frauen begehren Männer. Frauen forschen, reflektieren, analysieren, diagnostizieren, machen sich Gedanken. Über sich, über ihre Beziehungen zu Männern, über die Beziehungen der Männer zu ihnen.

Sie geben Männern Einblick in ihre Seele, in ihr Herz, in ihre Gedankenwelt – weil sie verstanden und geliebt werden möchten. Frauen schreiben Bücher für Frauen. Anfangs über sich selbst, zum eigenen Kennenlernen und Verstehen. Dann über den Mann, über den »kleinen Unterschied«, den großen. Über den Abschied vom Märchenprinzen, über die krankmachende Liebe oder die gesunderhaltende. Der »neue« Mann, der »alte« Mann, der Sprachlose, der Starke, der Schwache, der Bewegte, der Erregte. Der Schlagende, der Schweigende, der Wilde, der Dressierte, der Liebende, der Leidende – Männer werden demontiert und wieder aufgebaut, werden in die Wüste geschickt und wieder herausbefreit. Es wird ihnen Hand und Schoß gereicht – zur Versöhnung.

Der Mann wird aufs Kreuz gelegt und auf die Couch, als Objekt der Begierde und Erforschung.

Frauen reden über Männer, stundenlang, tagelang, beschäftigen sich mit deren individueller, gesellschaftlicher und politischer Geschichte, sind ständig auf der Suche nach Beantwortung der Fragen: Was geht in ihm vor? Was denkt er sich dabei? Denkt er überhaupt? Denkt er, was ich denke?

Die Männer sind geschmeichelt von diesem Interesse. Es gefällt ihnen, daß sich kluge Frauen mit ihnen beschäftigen. Gern übernehmen sie Thesen und Deutungen, die ihnen gut ins Konzept passen, richtiger: Von denen sie annehmen, daß sie gut ins Konzept der Frauen passen.

Und die Männer wissen, was Frauen wünschen, wie sie denken, fühlen und handeln – aus erster Hand. Nämlich von den Frauen selbst, die es ihnen unverdrossen immer wieder erzählen, ob die Männer es hören wollen oder nicht. Selbst herausgefunden haben Männer nicht so viel, weil es ganz schlicht nicht ihr Interesse ist.

Männer können beispielsweise auch mit mehreren Frauen im selben Zeitabschnitt dasselbe tun, heimlich meist, weil es öffentlich moralisch nicht vertretbar, nicht opportun erscheint. Weil's den Frauen nicht gefällt, weil die Druck machen, kämpfen, Entscheidungen fordern, keine Ruhe geben, sondern Konflikte schaffen, die die Männer zur Kenntnis nehmen müssen, die aber nicht die ihren sind.

Ich glaube, daß Männer nicht etwa, wie so oft geschrieben und geurteilt, feige oder konfliktscheu sind, vielmehr sind sie konfliktarm, besser noch: konfliktfrei. Und das aus tiefstem Herzen.

Diese – meine – Überlegungen standen am Anfang dieses Buches, bildeten den Gesprächshintergrund.

»Sag mir, wie die Männer sind« – wer kann darüber besser Auskunft geben als die Männer selbst?

Ich wollte es wissen und machte mich auf die Suche, fühlte mich zeitweise selbst als Jägerin und Sammlerin. Mein Augenmerk richtete sich auf »frauenerfahrene« Männer, bei denen weibliches Denken durchscheint. Männer, die die Frauen lieben und von ihnen geliebt werden, immer wieder. Männer, die Frauen verlassen und von ihnen verlassen werden, manchmal öfter als ihnen lieb ist. Männer, die verletzen und verletzt werden und sich doch immer wieder auf Neues einlassen.

Ich suchte und fand Männer, die offen und ehrlich über ihre äußeren und inneren Beziehungen zu Frauen, über ihr Denken, Fühlen und Handeln sprechen, wie sie es vorher noch nicht getan haben. Und wie sie es nicht mit ihren Frauen und anderen Männern tun würden. Intelligente, phantasievolle, »erwachsene« Männer. Männer unterschiedlich in Alter und Herkunft, Akademiker und Handwerker wie Künstler und Kaufleute. Verheiratete Männer, geschiedene, alleinlebende, mit und ohne Kinder. Suchende und Findende, Jäger und Sammler.

Ich versuchte, sie zu verstehen, ihren Gedanken zu folgen, eher mit staunender Vorsicht als mit wissender Nachsicht. Hütete mich, die Männer während des Gesprächs zu analysieren, zu psychologisieren, sie vorschnell in bekannte Schubladen zu stecken, sah mich eher in der Rolle einer Forscherin im Männerland.

Herausgekommen sind zwölf bearbeitete Gesprächsprotokolle, die für viele andere stehen. Ein Dutzend, das man katalogisieren könnte, wenn man es denn wollte, in: der fröhliche Liebhaber, der junge Wilde, der treue Ehemann, der müde Held, der kreative Romantiker, der therapierte Partner, der intellektuelle Skeptiker, der blauäugige Geliebte, der begeisterungsfähige 68er, der heitere Gefährte, der geläuterte Egoist, der skurrile Sammler.

So unterschiedlich und individuell die Geschichten der Männer auch sind – etwas eint alle: Der Glaube, daß Frauen von Natur aus erst mal etwas ganz Wunderbares sind, allein schon in der Ausformung, fast göttlich. Die Frau, das unbekannte Wesen, das es zu entdecken gilt. Die weibliche Vollkommenheit, für die Schlösser gebaut und Kriege geführt wurden, die Künstler aller Jahrhunderte zu den schönsten Werken überhaupt inspirierten.

Um die Frau – das Objekt der Begierde – für sich einzunehmen, läßt der Mann sich einiges einfallen. Entwickelt Kreativität und Phantasie, um die Rivalen aus dem Feld zu schlagen.

Die Verführung ist Teil der Gesamtsituation; das Spiel zwischen Nähe und Distanz, die Wechselbäder von Hoffnung und Verzweiflung.

Männer brauchen offensichtlich den Reiz, nicht alles zu bekommen. Und vor allem dann nicht, wenn sie es wollen. Denn wenn sie es haben, ist die Sehnsucht weg, der Zauber der Vorstellung dahin. Und damit beginnt oft das Dilemma – für den Mann. Die Angst vor Vereinnahmung beherrscht sein Denken und Tun. Die Freiheit ist bedroht. Real oder nicht, das ist nicht die Frage.

Also hin zur nächsten Frau. Doch früher oder später hat der Mann die Nase voll vom Jagen, von der ständigen Wiederholung, die die Lust immer kürzer werden läßt. Daraus folgt die Sehnsucht nach der großen Erfüllung, die Sehnsucht nach *einer* Frau, der sie treu sind – auf ihre Weise.

Die Treue des Mannes – das ist sowieso ein Kapitel für sich. Da hat wirklich jeder seine eigene Definition. Treue ist jedenfalls nicht gleichzusetzen mit Monogamie. Die ist die Ausnahme.

Selbst der treueste Ehemann in diesem Buch geht fremd: »Unter Treue verstehe ich, daß man die gemeinsame Basis des Zusammenlebens nicht verläßt, und das tue ich nicht ...«

Geht die Frau fremd, bedeutet das natürlich etwas anderes. Das weiß der Mann. Denn diese Frauen begegnen ihm ja auch, erzählen von ihren gestörten – aber noch bestehenden – Beziehungen, von ihren nicht glücklichen Ehen. Die Männer wissen aus eigener Erfahrung, daß diese Frauen oft mehr wollen als Sex, daß sie nichts gegen eine neue, bessere Beziehung hätten.

Eine Frau, die glücklich ist und liebt, denkt nicht ans Fremdgehen. Davon sind die Männer überzeugt. Einer formuliert den großen Unterschied so: »Seinen Trieben nachzugehen ist doch etwas völlig anderes. Ein Mann tut es nebenbei. Eine Frau meint es auch so – zumindest als Infragestellung der Beziehung.«

Daraus folgt Eifersucht – auch beim Mann, obwohl er diese Eigenschaft als typisch weiblich abtut. Trotz aller

Übungen, sich souverän zu geben, intellektuell oder gesellschaftspolitisch dieses unangenehme Gefühl aufzulösen, weiß jeder Mann, was Eifersucht ist. Und fast jeder behauptet, dieses unangenehme Gefühl überwunden zu haben. Da sind Zweifel angebracht.

Im Gegensatz zu der Behauptung, daß der Mann sich für das, was die Frau bewegt, nicht wirklich interessiert. Dieser Verdacht bestätigte sich schon in den Vorgesprächen und zieht sich wie ein roter Faden durch alle Gespräche. Deshalb wissen die Männer oft gar nicht, wie – und warum – ihnen geschieht, sind oft überrascht von der Trennung.

Um es ganz einfach zu sagen: Männer verstehen die Frauen nicht. Aber das raubt ihnen nicht den Schlaf, bereitet kein Kopfzerbrechen. Meist haben sie es aufgegeben zu ergründen, warum Frauen sind, wie sie sind. Akzeptieren es einfach. Oder nicht.

Einer sagt es liebevoll-krass: »Was die Frau denkt, ist mir egal. Sie ist der Souverän in ihrem Leben.«

Beziehungsarbeit? Therapie? – Nein danke.

Die Frau steht auf einem Podest, das Leben heißt. Für alle Männer in diesem Buch. Sie kann leben, gesamtheitlich, ohne es studiert zu haben.

Die Bewunderung für die Frau erneuert sich immer wieder – nicht unbedingt mit derselben.

Ja, wie sind sie nun, die Männer? Sie möchten lieben und geliebt werden, zu Bedingungen, die allerdings mit den Erwartungen der Frauen oft nicht übereinstimmen. Sie möchten lieber leben als reden, möchten Geborgenheit und Freiheit, ganz nach Wunsch und Tagesverfassung, sich austoben oder anschmiegen, bei dem Weib, das ewig lockt:

»Man braucht nicht viel herumzureden: Bett ist das Wichtigste. Sonst wärst du nicht mit der Frau zusammen. Das Gegenteil können nur Menschen sagen, die noch nie einen leidenschaftlichen Orgasmus hatten …«

Also wollen die Männer doch nur das Eine? Nicht nur, aber erst mal schon.

Die Protokolle geben Einblick in die Seele des Mannes, in sein Herz, in seinen Kopf und beweisen in all ihrer Unterschiedlichkeit und Vielschichtigkeit: Männer sind anders als Frauen denken.

Die Männer in diesem Buch demontieren selbst auf die eine oder andere Weise das Wunschbild, das sich Frauen von ihnen gemacht haben. Es sind unfreiwillige Enthüllungen wie beherzte Offenlegungen, die Aufhebung einer Täuschung also, was erst einmal als Ent-Täuschung empfunden wird.

Für Frauen heißt es Abschiednehmen vom geliebten Feindbild Mann, an dem man so gern herumtüftelt, das man sich so gern hineininterpretiert, was auch so wunderbar vom eigenen Strickmuster ablenken kann.

Andererseits: Wer erkannt hat, wie einfach Männer sind, wird es einfacher mit ihnen haben.

Herrlich einfach.

Einfach herrlich...

Gudrun Lukasz-Aden

Ich danke allen meinen Gesprächspartnern für das Vertrauen, das sie mir entgegenbrachten, und für die Offenheit, mit der sie sich auf dieses Thema eingelassen haben.

1

»Je besser ein Mann hübsche Dinge wohlverpackt formulieren kann, desto mehr kommt er bei Frauen an. Also färbe ich meine Worte schön.«

Knut N., 48 Jahre,
Organisator internationaler Messen,
geschieden, zwei erwachsene Kinder

Richtig geliebt hat er »höchstens viermal«. Und mit wievielen Frauen hat er geschlafen? »Vielleicht mit zweihundert, es können aber auch dreihundert gewesen sein ... ich habe sie nicht gezählt.«

Ein stattlicher Mann, von herzlicher Offenheit, strahlend blaue Augen, keckes Bärtchen, nicht der Typ des raffinierten Herzensbrechers, sondern eher der des zuverlässigen Freundes.

Ich liebe Frauen. Ich finde Frauen herrlich. Ich bin mit Frauen aufgewachsen, der Oma, der Mutter und mit meiner Schwester. Wir kamen prächtig miteinander klar. Ich habe nie Angst vor Frauen gehabt, habe ich bis heute nicht. Das Alter einer Frau spielt für mich keine Rolle. Ich verliebe mich in junge Frauen und in ältere: Allerdings, bei vielen jungen weiß ich oft gar nicht, worüber ich mich mit ihnen unterhalten könnte. Wenn die anfangen zu reden, denke ich, das hältste ja im Kopf nicht aus. Das hat mit meinem Alter zu tun. Ich meine, mit dem Älter- und Klügerwerden, mit meinen gewachsenen Ansprüchen.

Das Buch »Brain Sex« war für mich ein Schlüsselerlebnis. Ich las es vor zweieinhalb Jahren und fand da vieles bestätigt, was ich bis dahin nur geahnt oder vermutet hatte. Ich bekam von irgend jemand das Buch in die Hände und konnte nicht aufhören, darin zu lesen. Die Autoren, eine Wissenschaftlerin und ein Wissenschaftler, erläutern die verschiedenartigen Strukturen des männlichen und des weiblichen Gehirns und kommen zu verblüffend einfachen und einleuchtenden Ergebnissen.

Ich bin ja alt genug, um zu wissen, daß Frauen oft ganz anders reagieren als wir Männer. In »Brain Sex« nun ist es wissenschaftlich erwiesen: Frauen sind anders als Männer. Uns Männern steht ein anderes Instrumentarium zur Verfügung als den Frauen: unser Hirn, übrigens das größte Sexualorgan, ist anders aufgebaut, wird anders genutzt. Denn die Verbindung zwischen den beiden Hirnhälften ist bei Frauen enger als bei Männern. Daraus resultiert nicht nur eine unterschiedliche Gefühlsebene der Geschlechter, sondern auch ganz sachlich unterschiedliches Begreifen und Einordnen. Von Anfang an. Zum Beispiel: Weibliche Säuglinge reagieren nur auf Gesichter, wenn die sie anlachen, lachen sie zurück. Männlichen Säuglingen hingegen kannst du auch einen Luftballon hinhalten und die lachen genauso. Das kann nicht heißen, daß das eine Geschlecht besser oder schlechter wäre als das andere. Ich stelle für mich nur fest: Wir sind verschieden. Gottseidank, das macht's ja so interessant.

Eigentlich, das muß ich gestehen, denke ich erst seit etwa zehn Jahren richtig über all das nach und reflektiere meine Beziehungen. Früher habe ich Frauen geliebt. Und wenn sie anfingen zu spinnen, habe ich sie wieder verlassen. Meinen Kopf zermarterte ich mir jedenfalls nicht über ihre Probleme. In den letzten Jahren nun liebte ich dreimal hintereinander – und ich glaube nicht mehr an einen Zufall – sogenannte komplizierte Frauen, die alle in therapeutischer Behandlung waren, erwachsene Frauen, gleichaltrige. Ich konfrontierte mich mit ihrem Denken, Fühlen und Handeln, fing an, darüber nachzudenken, warum sie so und nicht anders reagieren. Doch davon später …

Da ich oft und über lange Zeiten im Ausland war, hatte ich das Glück, viele unterschiedliche Frauen kennenzulernen, aus dem vollen schöpfen zu können, mußte mich nicht mit Komplikationen aufhalten. Vierzehn Jahre Japan – ich hatte keine Probleme mit den Frauen dort, kam sehr gut mit ihnen klar, konnte mich in ihre Mentalität einfühlen, ich spreche auch japanisch. Mit meinen zwei Freunden ging ich regelmäßig »hunting«, jagen, so nannten wir das, Frauen kennenlernen, flirten, möglichst mit ihnen ins Bett gehen …

Japanerinnen sind nicht gewohnt, über ihre Gefühle zu reden. Ich war fünfzehn Jahre lang mit einer Japanerin verheiratet, aber wir haben eigentlich nie groß über so etwas gesprochen, es ist einfach nicht üblich. Deshalb bin ich vielleicht auch ein Spätzünder, was das Verstehen der weiblichen Psyche betrifft. Ich empfand das Nicht-darüber-

Reden eher als angenehm, denn als Manko. Nur manchmal, wenn sich etwas über Tage aufbaute und hinzog, störte mich das schon, ich wollte wissen, was ist, bekam dann aber zur Antwort: Du weißt doch genau, was los ist. Nein, ich wußte wirklich nicht, was los war. Dieses Nichtverstehen schrieb ich dann doch der Unterschiedlichkeit unserer Kulturkreise zu, meinem Nicht- bzw. Falschreagieren auf Signale und Andeutungen. Diese Geschichte erzählte ich später einem deutschen Freund, der nur sagte, kenn' ich, genau wie bei mir. Inzwischen bin ich auch darauf gekommen, daß das überall so ist, wo Männer und Frauen zusammen sind.

In Deutschland verändert sich etwas in dieser Beziehung, wir beginnen, darüber zu sprechen – in unserer Generation jedenfalls. Ich kann inzwischen offen über Probleme reden, tue es auch, meiner Meinung nach jedoch manchmal zu viel, das heißt: Ich höre doch eher zu, höre mir eher die Probleme der Frauen an, als daß ich meine herauslasse, denn eigentlich: Ich habe gar keine, werde nur oft mit denen der Frauen konfrontiert, die auch meine sein sollen. Ich hatte Freundinnen, die alles totgeredet haben, alle Gefühle, alle Liebe, schrecklich. Da blieb mir nur noch die Flucht.

Nach den Japanerinnen empfand ich deutsche Frauen anfangs als sehr viel weniger einfühlsam, auch egoistisch. Ich selbst halte mich für sensibel und auch manchmal leicht verletzbar. Das können Kleinigkeiten sein. Meine erste Verabredung mit einer deutschen Frau zum Beispiel: Ich ging mit ihr essen, wir hatten bestellt, jeder etwas anderes, der Kellner kam mit dem Essen, sie schaute auf meinen Teller und sagte angewidert: Wie sieht das denn aus! Da ist mir der Appetit vergangen. Vielleicht bin ich besonders sensibel nach den Jahren in Japan, wo ein anderer gesellschaftlicher Kodex herrscht, wo man lernt, mehr auf andere Menschen Rücksicht zu nehmen. Die eine oder andere deutsche Frau hat diese – nun auch meine – Eigenschaft schon als positiv vermerkt.

In den ersten Jahren hier fühlte ich mich jedenfalls des öfteren von Frauen verletzt, ohne daß die es gemerkt haben, obwohl sie es doch sofort bemerken, wenn sie sich verletzt fühlen. Da muß ich mir allerdings auch Schuld geben, denn ich hätte, wie sie es tun, einfach darüber sprechen sollen, tat ich aber nicht, sondern zog mich eher zurück. So bin ich, und das ist ja wiederum nicht die Schuld der Frauen.

Mir blieb irgendwie nichts anderes übrig, als mich intensiver mit der Psyche der Frauen auseinanderzusetzen, das Einsteigen auf die Person, das Zuhören, das Lesen von Büchern über Frauen und Männer, das Gespräch. Je intensiver ich mich damit beschäftigte, desto mehr merkte ich, daß Frauen nicht nur gut fürs Bett sind und hübsch zum Streicheln, sondern daß zu einer Beziehung auch Geist gehört und Seele, Dinge, die über die Kommunikation laufen.

Ich möchte über diese drei komplizierten Frauen etwas ausführlicher sprechen. Mit jeder hatte ich Zwei-Jahres-Beziehungen, und bei allen dreien hat sich, bei aller Kommunikation, immer mehr der Eindruck verstärkt, daß die hauptsächlich mit sich beschäftigt waren, sich als Mittelpunkt sahen – und gar nicht so sehr an mir interessiert. Manchmal fühlte ich mich regelrecht mißbraucht als Therapeut, was den Frauen sicherlich nicht bewußt war. Vielleicht brauchte ich aber die komplizierten Frauen für meinen eigenen Reifeprozeß. Ich habe noch heute Kontakt mit ihnen, mit der einen schlafe ich nach wie vor, weil es auch eine sehr erotische Beziehung war und ist. Aber jetzt bin ich dieser immerwährenden Gespräche einfach müde. Damals habe ich mich dafür interessiert, interessieren müssen, weil ich die Frau sehr gern hatte.

Ich bat sie einmal, ihre Therapeutin zu befragen, wieviel Zeit man eigentlich in solche Gespräche investieren sollte. Zwanzig Minuten, war ihre Meinung. Aber du meine Güte, sagte ich, wir reden ja täglich mindestens zwei

Stunden darüber. Kleinlaut setzte sie hinterher, daß die Therapeutin zwanzig Minuten wöchentlich gemeint hatte.

Nach zwei Jahren Beziehung wurde es mir trotz aller Erotik zu langweilig. Sie wollte nur wandern, lieben oder reden. Über sich und ihr Umfeld. Über alles, was dazu gehört. Ich habe über Tage, Wochen, Monate zugehört: Das mußt du doch einsehen, das mußt du doch verstehen. Natürlich. Sie schien zufrieden, meinte auch, daß sie noch nie einen Mann getroffen hätte, der so intensiv zuhören kann. Sie merkte nicht, wie mich das körperlich erschöpfte, so sehr, daß ich nicht mehr konnte. Ich wehrte mich, sagte, bitte ich kann nicht mehr, rede nicht so viel, das haben wir doch alles schon mehrfach besprochen.

Ich interessiere mich auch für andere Dinge, nicht nur für ihren kleinen Kosmos! Sie lag neben mir, schaute mich an. Ich las. Aber sowie ich das Buch absetzte, ging es wieder los. Ich wagte oft nicht einmal, aufs Klo zu gehen, einen Kaffee zu holen, weil ich wußte, daß sie genau diese Gelegenheiten ergreifen würde, um mich mit Worten zu überschütten. Länger als eine halbe oder dreiviertel Stunde Ruhe war nicht möglich. Sie unterbrach es in irgendeiner Form: »Willst du etwas essen?« – »Ist dir zu heiß?« – »Wollen wir spazieren gehen?« Extrem.

Die anderen waren auch kompliziert, aber auf andere Art. Eine war dabei, die mit mir nur aus dem Gefühl heraus geschlafen hat, es tun zu müssen, um mich zu halten. Sie empfand nichts dabei, war wahrscheinlich froh, wenn ich mal eine Nacht ausgelassen habe. Eine Frau, die sich sofort danach, zack, auf die Seite drehte, in der gleichen Sekunde. Ein schreckliches Gefühl, wenn man schwer atmend daliegt und merkt, daß der Partner nur darauf gewartet hat, daß der Anfall vorüber ist.

Was interessant ist: Alle drei komplizierten Frauen hatten Kindheitserlebnisse, Traumata. Immer wieder kamen Sätze wie: »Du akzeptierst mich nicht wie ich bin.« – »Ich möchte geliebt werden, wie ich bin.« Selten, daß eine mich fragte, wie denkst du darüber? Es ging wirklich nur um ihre Gefühlsdinge. Wenn ich eine Beziehung lebe, möchte ich – nun ja – nicht gerade die Hauptperson sein, aber doch eine wichtige Person.

Hinzu kam Eifersucht – Eifersucht ihrerseits. Berechtigt oder nicht – was heißt das? Wenn ich eine Frau wirklich tief liebe, sollte ich mich über alles freuen, was ihr gut tut, sollte ich ihr alles Schöne wünschen. Dazu kann auch Liebe mit einem anderen gehören, wenn sie das Verlangen danach hat. Aber das ist Theorie. So heroisch ist dann wohl doch kein Mann. Mir geht's da wahrscheinlich wie allen anderen Männern auch. Ich bin nicht frei von Eifersucht. Denn wenn ich die Frau wirklich liebte, würde es mich doch sehr verletzen, wenn sie mit einem anderen schliefe. Ich würde es nicht wissen wollen. Das ist die Ungerechtigkeit, in der man steckt. Für mich kriege ich das auf die Reihe. Oft reizen mich an verschiedenen Frauen eben verschiedene Dinge. Die Erfüllung des einen finde ich bei der einen Frau, die Erfüllung des anderen bei der anderen. Es ist ja leider nicht vereint. Ich suche immer noch. Vielleicht will ich zu viel? Vielleicht sollte ich mich mit siebzigprozentiger Übereinstimmung zufrieden geben.

Ich glaube, daß Männer grundsätzlich keine Probleme haben, Sexualität von Liebe zu trennen. Ich kenne auch Frauen, die das von sich behaupten. Das glaube ich ihnen nicht ganz. Männer können nur aus dem Anblick, aus dem Stand heraus mit einer Frau schlafen. Extrem gesprochen, wenn ich das, was ich sehe, als schön empfinde, steigt mein Hormonspiegel, und ich möchte sehr gern mit dieser Frau ins Bett. Und das wollen Frauen nicht so ohne weiteres. Sie möchten auch den Menschen erspüren und erfassen. Dazu fällt mir etwas ein, das ich irgendwo gelesen habe: Männer lieben die Frauen, die sie begehren. Frauen begehren die Männer, die sie lieben. Und das sagt für mich eigentlich schon alles.

Während meiner Ehe war ich natürlich braver, habe nicht so viel »begehrt«, bin nur ab und zu fremdgegangen. Es konnte auch passieren, daß ich mich ein bißchen verliebt habe und nur Händchen hielt. Das konnte viel aufregender sein als Sex. Wie müßig, wenn Frauen dann fragen, hast du mit ihr geschlafen? Die Antwort sagt gar nicht viel aus. Die Frage müßte eher lauten: Bedeutet dir die andere Frau etwas?

Mich erschreckt ein bißchen, daß ich mit zunehmendem Alter immer wählerischer werde. Früher konnte ich mit fast jeder Frau schlafen, jetzt nicht mehr. Sie muß etwas Besonderes haben. Früher ging ich mit irgendeiner aus, ließ alles über mich ergehen, egal, welchen Blödsinn sie redete, ich hatte nur das Ziel, danach mit ihr ins Bett zu gehen. Mein Preis – das Zuhören. Doch eines Tages fragte ich mich, was machst du da eigentlich, ist es das wert?

Da fällt mir ein besonders krasses Beispiel ein. Es gab eine Freundin am Stadtrand, mit der ich gern zusammen war. Die hatte einen kleinen Sohn, der nicht wissen sollte, daß es einen Mann im Leben der Mutter gibt. Also durfte ich erst nach neun Uhr erscheinen, wenn das Kind schlief, und mußte verschwunden sein, wenn es aufwachte. Am liebsten war es ihr, wenn sie zu mir kommen konnte. Und da sie kein Auto hatte, rüttelte sie mich wach, wenn ich glückselig eingeschlafen war, und bat mich mitten in der Nacht, sie nach Hause zu fahren. Ich tat es, durch Regen, Schnee und Eis, mich mühsam wachhaltend. Auf der Rückfahrt dann war ich hellwach, konnte nicht mehr einschlafen und war am nächsten Tag völlig daneben. Und das alles wegen der einen oder zwei Nümmerchen, sagte ich mir, und das alles mit einer Frau, die du gar nicht sonderlich liebst. Nein, das mache ich heute nicht mehr.

Mit zunehmendem Alter veränderte sich nicht nur mein Verhältnis zu Frauen, sondern auch die Kommunikation mit meinen Freunden über die Frauen. Ich kenne dic

Freunde teilweise zwanzig oder dreißig Jahre. Früher erzählten wir uns Frauengeschichten, priesen körperliche Vorzüge, schwärmten, wie toll die eine hierin und darin war, wie prachtvoll, es ging ums Bett, um nichts anderes. Heute geht es auch ums Wohlfühlen und um Übereinstimmung. Es gibt bestimmt viele Männer, die mit vielen Frauen schlafen, aus dem Jagdtrieb, der Geilheit heraus, und aus Selbstbestätigung. Es gibt allerdings auch Männer, bei denen dieser Trieb nicht ausgeprägt ist. Die haben eine Frau oder eine Freundin, der sind sie treu, und damit basta. Für mich ein Phänomen ...

Obwohl die Liebe nach wie vor einen großen Stellenwert in meinem Leben hat, bin ich inzwischen auch gern allein. Wenn es mir zu mühsam, zu kompliziert ist mit einer Frau, lasse ich es, auch wenn ich sie liebe. Aber nur reden, reden – da schaue ich lieber fern, lese ein Buch und verschaffe mir mein Vergnügen selbst. Als junger Mann wäre ich meilenweit und stundenlang zu Fuß gegangen, wenn ich gewußt hätte, da ist eine, mit der etwas geht. Doch nach wie vor gilt: Meine Idealfrau soll für mich sexuell attraktiv sein.

Seit ein paar Monaten bin ich mit einer sehr klugen, angenehmen Frau befreundet, mit der ich mich blendend unterhalten kann. Sie ist fröhlich, aufgeschlossen, witzig. Und doch stimmt etwas nicht: Ich bin einfach nicht mehr geil auf sie. Wir kuscheln uns aneinander, schlafen Arm in Arm, aber kaum miteinander. Sie denkt, ich bin ein müder Mann.

Und im Gegensatz dazu gibt es wieder die komplizierte Frau von früher, die ich ab und zu treffe. Da klappt es sofort. Eine unmögliche Situation: mit der einen schlafen, mit der anderen übereinstimmen. Das wollen beide nicht. Sie, die Komplizierte, merkt ja, daß ich sie sonst kaum treffe. Sie betont immer wieder, daß sie noch nie eine so erotische Beziehung hatte wie mit mir. Sie will aber reden. Ich nicht. Wenn sie zuviel redet, drehe ich sie um und packe sie noch einmal. Ich bin unermüdlich bei ihr, nicht bei meiner Freundin.

Um dieses Rätsel zu lösen, habe ich die Komplizierte mal einen ganzen Monat lang nicht getroffen, hatte mir gedacht: Ist doch kein Wunder, wenn du nicht scharf auf deine Freundin bist, wo du dich woanders austobst. Trotz der Abstinenz klappte es nicht. Auch wenn wir wochenlang zusammen sind, ohne daß ich mich anderweitig befriedige, ist kein Verlangen bei mir da. Ich kann mir das nicht erklären. Sie ist eine tolle Frau, und sie schläft gern mit mir. Die Initiative kommt fast immer von ihr. Ich wünschte, es wäre umgekehrt. Es ist sehr schön, wenn sie mich streichelt, wunderbar ist das, aber ich bin noch zu jung, um auf regelmäßigen Sex zu verzichten. Vielleicht ändert sich das, wenn ich sechzig bin, vielleicht sage ich dann, ist doch viel wichtiger, sich mit einem Menschen zu verstehen als das bißchen Sex zu haben. Aber noch ist es nicht soweit.

Also habe ich zwei Frauen – manchmal auch drei. Eine ist mehr für Seele und Geist zuständig, die andere(n) zur Befriedigung körperlicher Gelüste. Das wiederum ist aber nicht an eine bestimmte Person gebunden. Im letzten Sommer gab es noch eine andere Frau in meinem Leben, eine Mongolin, die nur sehr wenig Deutsch spricht. Sie hat bei mir gewohnt. Mit ihr schlief ich sehr gern, fühlte mich ihr auch seelisch sehr nahe. Unterhalten konnten wir uns kaum.

Meine Freundin weiß von der Existenz dieser Frau, mag auch etwas geahnt haben von unserer Beziehung, aber erzählt habe ich es ihr nicht. Ich denke, es würde sie zu sehr verletzen. Denn jede Frau möchte begehrenswert sein, umworben. Obwohl meine Freundin Psychologin ist, würde sie wohl nicht verstehen, was mich umtreibt. Wie sollte sie das auch, wenn ich selbst nicht verstehe, warum ich an ihr mein sexuelles Interesse verloren habe. Und zwar im gleichen Maße, wie das Interesse an ihrer Person gewachsen ist. Je öfter wir uns treffen, desto wichtiger wird sie mir. Ich schätze ihre Gegenwart, es ist mir noch nie langweilig geworden mit ihr. Inzwischen habe ich mir eine Theorie dazu festgelegt. Ich glaube, daß es mit etwas Unterbewußtem, fast Animalischem zu tun hat.

Vor zwölf Jahren hatte ich einen ähnlichen »Fall«, eine Kollegin, in Deutschland geboren, in Japan aufgewachsen, in die ich mich verliebt hatte. Da habe ich erstmals erfahren, wie es ist, hundertprozentig von jemandem verstanden zu werden. Ich brauchte nur etwas anzudeuten, sie wußte es. Eine tolle Frau, beste Gespräche, ein Jahr lang, ohne miteinander geschlafen zu haben. Dann gewannen wir den ersten Preis in einem Tanzwettbewerb, eine Wochenendreise nach Prag, Übernachtung im Doppelzimmer.

Obwohl ich die Frau so toll fand, hat es mir mit ihr keine große Befriedigung gebracht. Sie war körperlich einfach nicht attraktiv für mich. Nach drei Monaten zog ich mich zurück. Ich dachte, daß ich ihren Körper zu wenig anziehend fand, optisch. Später aber bin ich darauf gekommen, daß es möglicherweise mit dem Geruchssinn zu tun hat. Es gibt Frauen, da schnüffle ich überall, bei anderen weiche ich unbewußt sogar Küssen aus. Ich fürchte, daß meine jetzige Beziehung in diese Richtung geht.

Ich frage mich, wozu brauche ich eine Beziehung mit einer Frau, wenn das Körperliche nicht stimmt? Austauschen, verstehen kann ich mich auch mit meinen Freunden. Körperliche Anziehung ist es, was Männer und Frauen zusammenführt, was denn sonst!? Wenn ich eine tolle Frau sehe, möchte ich als erstes mit ihr schlafen. Kennenlernen kann ich sie ja später.

Ach, wenn erst wieder Frühling wird, wenn die kurzen Röcke wippen, der Busen hüpft, einfach wunderschön, ich könnte die Frauen von der Straße weg ins Bett ziehen. Das geht allen Männern so, alle, mit denen ich gesprochen habe, empfinden ähnlich. Natürlich gibt es auch Frauen, die einen Männerarsch knackig finden. Trotzdem wollen sie wissen, welchem Menschen er gehört.

Konkret ist es jetzt so, daß die mongolische Freundin wiederkommt. Meine Freundin hat auf diese Mitteilung sehr klug reagiert, hat darauf bestanden, daß ich der Mongolin von ihr erzähle und daß wir uns weiterhin treffen. Sie erwartet, daß ich mich nach etwa zwei Monaten entscheide, denn sie hat festgestellt, daß sie mit mir nicht nur eine Liason möchte, sondern eine feste Beziehung. Jetzt muß ich abwarten und sehen, was ich empfinde. Vielleicht sollte ich die Augen offenhalten, ob es nicht eine dritte gibt, die das verkörpert, was ich suche.

Obwohl die Mongolin eigentlich nicht meinem Frauenideal entspricht, habe ich mit ihr eine ausgezeichnete Sexualität. Für meine Vorstellung ist sie viel zu schlank. Ich mag Frauen mit Po und Busen. Von beidem hat sie zu wenig. Ich kann mir nicht erklären, was mich anzieht. Wir waren damals einen Monat zusammen, und ich verspürte kein Bedürfnis nach anderen Frauen. Meine Freundin andererseits hat alles, was ich brauche, ausgeprägte weibliche Formen, und entspricht damit genau meinem Frauenideal.

Interessant ist, woher das Frauenbild kommt, das wir Männer in uns tragen. Ich habe eine frühkindliche Erinnerung, die mir meine Mutter bestätigte, als ich vierzig Jahre alt war. Es ist das Bild eines kleinen Jungen in einem großen gekachelten Raum. Der kleine Junge bin ich. Mit einem stinkenden Zeug werden mir die Haare eingeschmiert, meine Mutter steht nackt daneben, und ich habe gedacht, das ist deine Mutter und auch eine Frau. Die Mutter hatte eine Figur mit vollem Busen und Hintern. Das war in Berlin nach unserer Flucht aus Polen. Alle im Reich angekommenen Flüchtlinge mußten zum Entlausen. Damals war ich zwei Jahre alt. Die meisten Psychologen sagen, daß es eine so frühe Erinnerung nicht gibt. Aber es gibt sie. Es war beeindruckend. So früh ist bei mir das Frauenbild geprägt worden.

Ich glaube, daß bei Männern Erotik mehr über das Auge läuft – Frauen wissen das instinktiv, warum machen sie sich sonst schön? – und bei Frauen mehr übers Ohr. Meine Erfahrung ist: Je besser ein Mann hübsche Dinge wohlverpackt formulieren kann, desto mehr kommt er bei Frauen an. Also färbe ich meine Worte schön. Einfach gesagt, je besser einer sabbeln kann, desto mehr Erfolg hat er.

Das Aussehen des Mannes ist zweitrangig, obwohl Frauen natürlich auch auf optische Reize reagieren. Aber alles, was übers Ohr kommt, ist wichtiger. Das ist meine zusammengeschusterte Theorie aufgrund von Lebenserfahrung.

Oft habe ich gehört, ach, du liebst ja nur meinen Körper. Ich denke, was heißt ›nur‹, das ist doch schon sehr viel, das ist doch schön. Um aber nicht ständig in derartige Diskussionen verstrickt zu werden, sage ich das gar nicht mehr. Es würde viel Kraft und mindestens zwei Stunden Reden kosten, um einer Frau diesen – richtigen – Gedanken zu nehmen.

Im Grunde bin ich schüchtern und spreche keine Frauen an, würde mich auch nicht zu einer an den Tisch setzen. Und doch gab es eine unvergeßliche Begegnung mit einer Fremden. Ich kam in ein Café, unten vor der Tür fand eine Demonstration gegen den Golfkrieg statt. Ich setzte mich notgedrungen zu einer Frau an den Tisch, weil kein anderer Platz frei war. Sie war etwa in meinem Alter, wir kamen ins Gespräch über das aktuelle politische Geschehen vor der Tür und über uns. Wir waren uns einig, daß man etwas gegen den Krieg tun müßte und fühlten uns beide etwas deplaziert oben im Café. Warum sind wir nicht unten auf der Straße, demonstrieren mit? Weil man mit zunehmendem Alter an Spontaneität verliert.

Auch darüber waren wir uns einig. Und plötzlich stach mich der Hafer. Sie hatte einen Minirock an, wunderschöne Beine, schönes Gesicht, eine tolle Frau. Ich sagte spontan: Wie würden Sie reagieren, wenn ich jetzt sagte, ich möchte gern mit Ihnen schlafen. Röte stieg in ihr Gesicht. Sie schaute mich an, sah etwas genauer hin und antwortete: Wahrscheinlich würde ich – spontan – ja sagen.

Wir zahlten blitzschnell, fuhren zu mir nach Hause, schliefen zusammen. Das war's gewesen. Ein Spontanfick – für mich, es war nett und lustig, was sage ich, es war toll. Ein schönes Zusammentreffen, das keiner Wiederholung bedurfte. Sie hat mir geschrieben, wollte mich wiedersehen, fand das einen guten Anfang. Für mich war es Anfang und Ende zugleich – und da haben wir ihn wieder, den Unterschied zwischen Männern und Frauen. Ich schrieb ihr zurück, daß ich im Moment noch eine andere Beziehung habe und warten möchte, wie die sich entwickelt. Ich wollte die Frau nicht verletzen, wollte nicht schreiben, daß sie mich nur für ein einziges Mal interessiert hat und nicht weiter.

Ich kannte mal einen Franzosen in Tokio, einen ganz verrückten Kerl. Der stellte sich an die U-Bahn-Station und sprach alle Frauen, die ihm irgendwie gefielen, spontan an: Du gefällst mir, ich möchte mit dir schlafen, kommst du mit? Jede zehnte hat ja gesagt. Der meinte auch zu mir, du bist doch ein Idiot, wenn du dich um Frauen bemühst, wenn du Zeit und Geld investierst, so geht es doch viel einfacher. Er tat mir dann doch wieder ein wenig leid, weil es ihm um nichts anderes ging. Ich habe keine Angst vor Frauen, aber das würde ich nicht machen. Sehe ich auf der Straße eine Frau, die mir gefällt, lasse ich sie vorübergehen. Ich würde eher eine Anzeige aufgeben, um Frauen kennenzulernen …

Wenn eine Frau eine glückliche Beziehung hat, ist ihr Herz okkupiert, und sie ist zu fünfundneunzig Prozent der Fälle nicht bereit, einen anderen zu treffen, sich auf einen anderen, egal wie kurz, einzulassen. Nur wenn kein Mann ihres Herzens existiert, schaut sie sich um. Der Faktor Zeit spielt eine wichtige Rolle. Es ist mir schon passiert, daß ich Frauen, bei denen nichts klappte, nach ein, zwei Jahren wiedertraf, und dann ging es auf einmal. Eben weil sie frei und bereit waren, eine Beziehung, eine Affäre einzugehen.

Frauen sind von Natur aus treuer als Männer. Die Frau will im Grunde genommen attraktiv sein, für ihr eigenes Selbstwertgefühl, aber auch für einen bestimmten Mann. Sie will nicht jeden anlocken.

Ich bin auch davon überzeugt, daß sich bei Frauen, die keinen Mann lieben, der Sexualtrieb zurückbildet, schlummert, daß sie in Zwischenphasen kaum sexuelle Bedürfnisse haben. Ich kenne Frauen, die über ein Jahr bis zu vier Jahren keinen Sex mehr hatten. Das Verlangen erwacht bei ihnen, wenn eine bestimmte Person auftaucht, die sie lieben könnten. In dieser Phase muß man eine Frau kennenlernen und erwischen. Männer sind nicht in einer solchen Phase, sie sind fast immer bereit. Auch wenn sie verliebt sind. Ich war des öfteren sehr verliebt, hatte auch die ganz große Liebe erlebt. Als es auseinanderging, habe ich gelitten, ein ganzes Jahr lang und sechs Kilo abgenommen. Noch immer denke ich von Zeit zu Zeit an sie. Aber selbst während dieser ganz großen Liebe habe ich es fertiggebracht, sie zu betrügen. Nicht aus mangelnder Liebe, sondern weil mein Trieb mich dazu verleitete. Ich habe natürlich nicht groß investiert, aber wenn sich etwas leicht ergab, sagte ich nicht nein.

Ich muß mich dafür nicht entschuldigen. Ich bin ein Mann, reagiere wie ein Mann, fühle wie ein Mann. Ich mag Frauen, respektiere, verstehe und schätze sie. Eine malaysische Frau sagte mir einmal ein Sprichwort: Dein Mann ist dein Mann nur, solange er zu Hause ist. Wie klein die Welt doch heute ist …

Früher war das anders. Die Menschen sind nicht so alt geworden. Bis daß der Tod euch scheidet, das stimmte. Die Leute hatten keine Fernseher, keine Zeitschriften, konnten nicht vergleichen, was es Schnuckeliges woanders gibt. Man wohnte irgendwo, da gab's auch andere Frauen, aber viel mehr bekamen die Männer nicht zu Gesicht, da konnte man leicht treu sein. Denn Gelegenheit macht Diebe. Wenn ein Mann heute die Werbung sieht oder den Playboy und dann zu Hause seine Frau, ist er oft enttäuscht. Die Frauen sehen auch die tollen Typen im Fernsehen oder im Kino und merken, daß auch sie zu Hause nicht so ein tolles Exemplar haben …

Im Moment ist mir die Beziehung zu meiner Freundin noch immer wichtig. Ich wünsche mir von ganzem Herzen, daß es nicht in eine Vernunftbeziehung mündet, sondern daß es sich doch zu einer leidenschaftlichen Affäre entwickelt.

Diese Geschichte ließe sich solange fortschreiben, solange es mich gibt und die Frauen. Ich wünsche mir, mit fünfundachtzig Jahren während einer Erektion zu sterben.

2

»Lieben ist wie eine Droge, und Jagen kann zur Sucht werden. Wenn du da nicht aufpaßt, bist du abhängig.«

Marek B., 30 Jahre, angehender Theaterregisseur, alleinlebend

Drei Frauen hat er geliebt und »acht bis zehn haben mir etwas bedeutet«. Mit wievielen Frauen geschlafen? »Das kann ich nicht überreißen. Eine Zahl wäre zu banal, aber zwanzig klingt gut. Stimmt zwar nicht, denn es sind mehr, sehr viele mehr, so viele, daß man von Erfahrung sprechen kann.«

Der sanfte Wilde, zerbrechlich-zart wie zornig-entschlossen, lange Haare, wache Augen, sieht jünger aus als er ist, möchte sich mehr Konturen geben.

Wenn die Frauen nicht wären, hätte mich wahrscheinlich die Verzweiflung schon zerrieben. Sie sind es, die das Leben lebenswert machen. Sie sind meine Rettung. – Das ist so eine Behauptung auf Durststrecken, wenn nichts klappt. Andere Männer trinken dann einfach – hier trinkt man übrigens mehr als im Osten ... Gäbe es die Frauen nicht, würde ich vielleicht auch trinken oder zu anderen Drogen greifen. So ist das Wort »Rettung« zu verstehen. Die Leidenschaft ist ein gutes Kompensationsmittel. Sie ist aber auch die ewige Suche nach Erfüllung.

Natürlich ist das mit den Frauen ambivalent. Es gibt Tage, da wachst du auf, stellst alles in Frage, glaubst an gar nichts mehr, denkst nur noch: die blöden Kühe. Das ist die Haßseite.

Ich kam als Kind mit meiner Mutter von Polen nach Deutschland. Der polnische Aspekt ist in mir, obwohl ich hier länger lebe als dort. Es ist eine andere mentale Ebene, ein anderes Blut, auch in bezug auf Frauen. Ein Schauspieler aus Warschau brachte es nach zwei Monaten Deutschland genau auf den Punkt, sprach aus, was auch ich empfinde: »Diese Sehnsucht in den Augen der Frauen, diese Unerfülltheit, sie verhungern hier.« Nicht umsonst fahren sie in den Süden, um sich befriedigen zu lassen. In den Osten fahren sie nicht, weil der Osten in dieser Hinsicht nicht bekannt ist. Die deutschen Frauen kennen nicht die Energien des Ostens. Wenn die Polen gut drauf sind, haben sie was in den Eiern, um es mal grob zu sagen, das heißt im übertragenen Sinn auch was im Kopf.

Deutsche Männer können gute Mercedesse bauen, aber nicht vögeln. Das ist die Kompensation. Wenn du dein ganzes Leben Mercedes baust und all deine Liebe da hineininvestierst, hast du sie nicht mehr für etwas anderes.

Ich definiere mich eher als Jäger, denn als Sammler. Sammeln, das hört sich für mich nach Briefmarkensammeln an, das ist mir zu bürgerlich. Wenn es um Sexualität geht, ist das Jagen ein wichtiges Element. Als Jäger bin ich auf die Ursprünge zurückgeführt, auf die biologische Bestimmung des Mannes. Ja, es ist noch in uns, das Begatten.

Ein Freund sagte mal über mich ein bißchen metaphorisch, »der Marek ist ein einsamer Wolf«. Bin ich eigentlich nicht, aber beim Jagen mag das zutreffen. Wenn ich um die Ecken ziehe, hat das was von diesem Bild. Ein einsamer Wolf in Verbindung mit einer ganz gewissen Stimmung. Dazu gehört Unruhe, ein bißchen Alkohol, dann bist du wie ein Reißwolf, du spürst deine Beute. Es gibt an jedem Abend irgendeine Frau, die gerade zu dieser Zeit an diesem Abend auf der Suche ist. Schau ihr in die Augen und du weißt alles, Augen lügen nicht. In drei Sekunden passiert es. Du merkst es sofort. Manche sind in drei Minuten verloren, das weißt du, das ist deine Erfahrung. Eigentlich könntest du dann gleich sagen, wollen wir ins Bett? Aber das tut man nicht, so schnell sind die Frauen nicht, das beachtet man.

Jede Frau hat einen anderen Anspruch. Mit kompatibler Sprache muß man die Vernetzbarkeit ausfindig machen und sich darauf programmieren. Welche Ansprechpunkte hat man, Schnelligkeit gehört dazu. Du darfst nicht langweilen, nicht deinen Tiefpunkt erreichen, du darfst keine zu langen Pausen lassen. Regelrecht aufputschen mußt du dich im Gespräch, wie mit Alkohol, wie im Bett.

Das typische Kennenlerngespräch in Großstädten läuft meist so: »Wer bist du, was machst du, was verdienst du?« Das bremse ich ab. In weitestem Sinne lasse ich durchblicken, wofür ich mich interessiere. Aber die Frauen, die so stereotyp fragen, sind meist sowieso nicht die, mit denen ich ins Bett gehe. Es geht erst einmal darum, gute

Stimmung zu verbreiten, »fun« haben, lachen. Lachen ist wichtig. Sie muß das Gefühl haben, eine tolle Nacht mit mir im Bett verbringen zu können und nicht, daß wieder ein Schlappschwanz daherkommt. Es gibt eine gute Mischung: charmant und frech, ihr gleich eins auf den Deckel geben, anlocken und zurückschubsen, aber beides nicht zu groß werden lassen, das zieht unheimlich. Je hübscher die Frauen sind, desto mehr kannst du sie auch mal runtermachen. Jedenfalls brauchst du nicht noch ihre Schönheit zu bestätigen. Kurz: Du bist interessant, wenn du sie liebst, trittst und küßt. Das hört sich chauvinistisch an. Aber: Nur wer die Frauen kennt, kann sie wirklich lieben. Auch intelligente Frauen wollen mal genommen werden. Es ist kein Widerspruch: einerseits interessante Gespräche führen, andererseits sich einfach hingeben, einen Orgasmus haben auf der animalischen Ebene, das ist sehr schön.

Zurück zu den Ursprüngen: Der Mann als der Begattende, die Frau als die Empfangende, die Sicherheit sucht und sich danach die Männer ausguckt. Dann kommt die Intellektualität hinzu. Männer sagen, ich ficke nicht nur rum. Und Frauen sagen, ich suche mir nicht nur einen Ernährer. Zwischen den sozialen, gesellschaftspolitischen und emanzipatorischen Entwicklungen finden die Schattierungen statt. Wir leben in den Neunzigern, wobei die wieder regressiv sind. Ich bin noch von der achtundsechziger Generation infiziert, eine kurze, aber nachhaltige Sequenz für meine Entwicklung. Ich habe nichts mit den Siebzigern, mit Yuppies oder Poppern, zu tun. Die Emanzipation der Frau ist normal für mich.

Ich merke aber doch, daß sich in meinem Verhältnis zu Frauen mit dem Älterwerden etwas verändert. Jetzt, mit dreißig, fängt eine andere Phase an. Man kann das vielleicht mit der Kunst vergleichen. Man malt bestimmte Bilder nicht mehr, man hat sich ausgemalt, hat jeden Mist mitgemacht, und langsam geht die Suche nach Qualität im Sinne von Befriedigung los.

Im Moment bin ich in der Phase des »fucking out« – nicht »burning out« – im positiven Sinne, also das heißt nicht, daß ich runtergekommen bin. Aber es ist nichts Neues mehr, nichts Besonderes und wird zunehmend langweiliger. Es hat keine Qualität mehr an sich, sondern nur in der Konstellation mit guten Frauen. Das Jagen ist nur dann aufregend, wenn Qualität dabei ist. Deshalb der Vergleich mit den Bildern. Durch Reduktion entwickelt man eine andere Qualität, Kunst durch Weglassen. Das schließt nicht aus, daß man wieder rückfällig wird. Ja, da geht man aus, und es passiert einem wieder mal, ohne großes Engagement mit einer Frau ins Bett zu gehen. Mit zunehmendem Alter zieht so etwas runter.

Ich weiß nicht, mit wievielen Frauen ich im Leben geschlafen habe, hundert, zweihundert? Wichtige bleiben hängen, andere vergißt man. Die Geschichten einer Nacht sind vielleicht – um wieder zur Malerei zurückzukommen – mit Skizzen zu vergleichen, die einer macht und wegwirft, um wieder neue zu fertigen. Denn: Was interessieren dich die Skizzen von gestern? Sie müssen nicht schlecht gewesen sein. Eine Skizze kann viel ausdrücken, ist ein Werdegang, ein Baustein hin zum großen Bild, zur großen Liebe.

Mich kann eine Frau durch Gesten überzeugen, durch ihre gesamte Erscheinung, durch eine Bewegung. Natürlich muß sie mir gefallen, die Aura stimmen. Wie bei meiner jetzigen Freundin, mit der ich seit drei Jahren zusammen bin.

Am Anfang war nichts weiter als eine flüchtige Begegnung. Es war in einer Kneipe, die mich gelangweilt hat. Blöde Leute, ich wußte, da tut sich nichts. Sie streifte an mir vorbei, und die Art und Weise, wie sie das tat, hat mich voll erfaßt. Ich sah sie nicht einmal, die Haare bedeckten ihr Gesicht. Nur die Energie war es oder was auch immer – ich bin nicht esoterisch, sondern ich benutze diese Wörter nur, weil sie in der »normalen« deutschen Sprache nicht vorkommen. Danach schaute ich rüber zu ihr, grinste, flirtete, alles war klar, am liebsten gleich. Dann ging sie und dachte, ich würde ihr folgen. Weg war sie.

Ganz zufällig begegneten wir uns wieder, ich ging auf sie zu, schaute ihr in die Augen, nahm ihre Hand. Sie hat abgecheckt und gespürt, wie ich auch, daß etwas dahinter ist. In einer solchen Situation muß man nicht mehr viel reden. Ich habe sie angefaßt, zack-zack, einfach mal geküßt. Fünf Minuten gesprochen. Sie wollte nicht zu viel rummachen an diesem Abend. Wir verabredeten uns, keiner wußte vom anderen die Adresse, wir sind beide gekommen. Ich redete, redete. Und da war sie ganz zu. Bis ich sie einmal berührte, ihr kurz über den Rücken strich. Ein merkwürdiger Abend – ohne Erfüllung. Wir wußten, wir treffen uns noch mal, und dann wird es gleich passieren.

Das ist fast wie ein Muster: Die erste Begegnung ist spontan, wenn man diesen Abend überdauert, dauert es oft länger. Dann kommt der nächste Abend, die Stimmung vom ersten Mal ist nicht reproduzierbar. Man ist vielleicht nicht so verrückt, nicht so besoffen, andere Dinge spielen eine Rolle, und der Kopf kommt dazu. Jetzt bist du gefordert, du mußt wissen, wie du eine Spannung aufbaust. Dramaturgie ist wichtig, nicht null-acht-fünfzehn vorgehen, lieber warten, bis Reaktionen kommen. Am besten ist es, aus der Entfernung zu agieren, hinschauen, vorbeischauen, flüchtige Blicke.

Auch wenn eine Frau dich kennenlernen will (und davon kannst du ausgehen) – kommst du zu schnell an den Tisch und sagst drei falsche Sätze, ist es vorbei. Bau ein Grinsen auf, schau, daß es mehr auf der mentalen Ebene weitergeht. Sprache macht vieles zu, Sprache ist verschieden besetzt. Jeder testet den anderen beim Gespräch ab, du solltest dich nicht zu schwermütig-intellektuell geben. Natürlich solltest du nicht dumm sein.

Die meisten Männer haben zu viel Ehrfurcht vor der Frau. Das Madonna-Bild vor Augen, sehen sie die Frau als etwas Besonderes. Du mußt eine Frau wie einen Menschen nehmen, das spürt sie. Natürlich geht es ums Bett, aber wenn die Frau merkt, daß du nur geil und ausgehungert bist, dann ist es vorbei, noch ehe es begonnen hat, dann hast du keine Chance. Fällst du einer Frau vor Ergebenheit vor die Füße, hast du ebenfalls keine Chance oder die, ganz schnell in die Funktion des Lakaien zu geraten. Es gibt Männer, mit denen Frauen ausgehen, und andere, mit denen sie ins Bett gehen. Willst du zu diesen gehören, mußt du schauen, wie du das am besten anstellst. Ich muß aufpassen, nicht in der Rolle des netten hübschen Jungen zu landen. Ich möchte schon auch als ein Mensch wahrgenommen werden, der schwierig ist und gleichzeitig etwas fordert, der sich selbst herausfordert. Entweder interessieren sie sich dafür oder nicht. Es bringt gar nichts, sich auf die Wünsche und Vorstellungen der Frauen einzulassen.

Auch wenn die Frau nur Objekt für dich ist, wenn du jeden Tag mit einer anderen schläfst – das kannst du alles tun, nur darfst du ihr niemals dieses Gefühl vermitteln. Auch wenn es jetzt so scheinen mag – ich habe kein Repertoire für diese Situationen. Zu vielen Themen etwas sagen können, ist kein Nachteil, denn es geht ja nicht um irgendwelche Schlampen, die willst du ja nicht. Ich behaupte, eine gewisse Intuition zu haben. Ich lasse sie kommen, lasse sie erzählen und merke so ihre Interessenbereiche. Korrespondieren die mit meinen, ist es gut, wenn nicht, interessiert es nach drei Minuten nicht weiter. Dann lasse ich auch das Gespräch.

Ich bin nicht der Typ, nach dem sich die Frauen umschauen, wenn er reinkommt. Ich sehe aber gut genug aus, daß viele nicht nein sagen. Das ist mein Vorteil – wie ein Schauspieler, dessen Vorteil es ist, ein Gesicht zu haben, mit dem er in und an viele Rollen kommt.

Männer und Geld, das ist ein Mythos. Es geht nicht um Kohle, meistens jedenfalls nicht, und für die Schlampen, denen es darum geht, bin ich nicht ansprechbar. Ich lege ihnen ja keinen Mercedes-Schlüssel hin. Die Männer mit dem großen Geld erfahren oft die große Enttäuschung, weil sie denken, daß mit der Rolex am Arm und dem Porsche vor der Tür die besten Frauen auf sie warten. Sie kriegen aber nur die Schlampen. Und wundern sich, wie berechnend und schlecht die Frauen sind. Sie verallgemeinern dann leicht. Wenn sie etwas anderes suchen, müssen sie anders auftreten. Einer guten Frau imponiert doch keine Rolex.

Ich habe einen ganz anderen Blick auf Frauen. Es geht um Emotionales, nicht um Materielles. Die können sich ihren Kaffee doch selber bezahlen. Ich bin der Typ, der eine optimale Möglichkeit hat, unter Umständen zu gefallen, bin mir meines Charmes bewußt und weiß, wie man etwas strategisch aufbauen kann, jedenfalls nicht über Kohle. Ich habe mehr spendiert bekommen, vom Materiellen her gesehen, als ich ausgegeben habe.

Ich lebte über drei Jahre lang mit einer zehn Jahre älteren Frau in Berlin zusammen. Dabei ging es auch um das große Thema Sehnsucht, die anerzogene Sehnsucht nach absoluter Liebe. Das Romeo-und-Julia-Syndrom, unter dem viele Männer leiden, darunter verstehe ich, daß man oft nach falschen Dingen Ausschau hält, die viel zu hoch angesetzt sind. Das ist Utopie. Kannst du nicht auch die kleinen Momente im Hinblick auf die Utopie sehen, wirst du nie Erfüllung finden. Partnerschaft bedeutet auch Alltag und Arbeit. Sich aushalten ohne den hohen Kick, daran zerbrechen so viele. Wenn du leidenschaftlich bist und Phantasie hast, bist du dazu besser in der Lage.

Man braucht aber gar nicht viel herumzureden: Bett ist das Wichtigste. Sonst wärst du nicht mit der Frau zusammen. Sonst könntest du mit ihr Kaffee trinken gehen, dich wunderbar unterhalten und vieles andere. Das Gegenteil können nur Menschen sagen, die nie einen leidenschaftlichen Orgasmus haben, die niemals an diese Energien kommen. Lieben ist wie eine Droge, und Jagen kann zur Sucht werden. Wenn du da nicht aufpaßt, bist du abhängig.

Im Moment bin ich eher ausgeglichen. Die Frau, die ich habe, genügt mir. Aber natürlich bin ich offen, wenn auch nicht mehr so stark. Wie es weitergeht, steht in den Sternen, aber langsam bekommt das alles eine andere Qualität.

Zur Zeit konzentriere ich mich mehr auf meine Arbeit. Es wird mir immer wichtiger, auch im Beruf Erfüllung zu finden. Das ist jetzt meine Motivation. Es gibt Ausnahmen. Manches passiert von allein, Frauen kommen auf mich zu, jüngere schauen schon mal zu mir hoch, aber die sind mir meist zu dumm. Ich habe noch nicht die Geilheit eines älteren Mannes. Ein junger Arsch treibt mich nicht an, die Abziehbilderfrauen reizen mich nicht.

Es ist in meiner Vorstellung, daß man mit zunehmendem Alter die innere Ruhe erlangt. Das ist schön, aber es ist vielleicht auch enttäuschend. Man kennt das ja, immer weniger Frauen kommen in Frage. Es wird immer differenzierter. Ich hoffe doch, daß man auch im Alter den Kick haben kann, aber es wird nicht mehr die Hyper-Euphorie sein wie mit achtzehn oder zwanzig.

Ich habe die Theaterszene beobachtet, erst als Hospitant, dann als Assistent ... Wenn du nicht die dauerhafte Liebe hast, dreimal verletzt wurdest und noch die Potenz der Getriebenheit hinzukommt, fängst du an, nicht mehr das Absolute zu suchen, sondern nur noch Weiber. Das raubt dir Kraft, das raubt dir Zeit. Aus vielen Gründen – aber auch aus diesem – bin ich beruflich später dran als andere.

Den Frauen galt bisher meine Konzentration, nicht dem beruflichen Fortkommen. Beides geht wohl nicht.

Häßliche Männer haben es beruflich einfacher, weil sie nichts davon abbringt. Sie können leichter ihre unerfüllte Sexualität in den beruflichen Werdegang stecken und kommen deshalb schneller zu Erfolgen. Wenn du deine Kompensationsgeschichten bei Frauen auslebst, geerdet bist, kanalisiert, verlierst du den Drang, Dinge zu machen.

Das merke ich immer, wenn ich längere Zeit meine Freundin nicht sehe. Erst einmal fehlt sie mir. Dann bin ich durch anderes gefangen, abgelenkt. Wenn ich das überwinde, wieder zu mir komme, dann entwickle ich neue Projekte, versuche Wege der Realisierung klarzumachen, bewerbe mich, bin aktiv und voller Energie.

Mir ist stark bewußt, wieviel Energie ansonsten in eine Frau geht. Wenn du zwei-, dreimal mit ihr schläfst, wenn du nicht nur bedient werden willst, sondern eine Frau auch befriedigen möchtest, bist du danach erfüllt, entspannt – und schwach. Ich vertrödel damit Zeit, kenne das alles schon. Habe eigentlich keine Lust mehr, mir die Kraft rauben zu lassen, nur um einen Fick zu haben. Ideal wäre die Verbindung von beruflicher und sexueller Erfüllung, dann würde die Kompensationsgeschichte wegfallen. Das heißt, daß ich *nicht nur* kompensiert habe, *aber auch*. Daß ich so lange durchgehalten und mich dennoch künstlerisch weiterentwickelt habe, ist schon toll.

Man kann sowieso eigentlich erst mit dreißig anfangen, irgend etwas zu erzählen, zumindest über Frauen und über Stücke, die damit zu tun haben, entweder weil es mit Frauen geht oder weil es nicht mit ihnen geht. Da kann ich behaupten, Erfahrung zu haben. Meine festen Freundinnen waren immer älter als ich. Und ich habe ja nicht nur mit ihnen geschlafen, sondern auch viel mit ihnen geredet.

Friederike, meine Jetzige, ist sechs Jahre älter, selbstbewußt und erfolgreich. Vom Status her könnte sie sich besser geeignete Männer suchen als mich. Aber ich kann ihr anscheinend etwas geben, was sie bei anderen nicht bekommt. Sie war gerade in Südamerika, eine Reise, die sie erfüllt hat und wobei ihr wieder klargeworden ist, daß sie sich in Deutschland nicht so wohlfühlt und bestimmte Dinge vermißt. Vielleicht ist es meine Kraft, in der sie sich aufgehoben fühlt. Geld ist nicht ihr Problem, das verdient sie sich selbst. Sie sucht keinen Porsche-Mann, sie sucht Poesie. Das ist es: Poesie, Wärme und gleichzeitig eine geile Sexualität.

Die Freundinnen, mit denen ich vorher zusammen war, hatten ebenfalls eine Sehnsucht nach diesen Dingen. Es gibt auch eine poetische Wirklichkeit, Dinge zu empfinden, zusammen zu sein, zusammen zu leben. Mit längeren Beziehungen habe ich keine Probleme. Bei wichtigen Frauen endet es nicht in Zerstörung, sondern in der Erkenntnis, daß es insgesamt zu viele Unstimmigkeiten gibt und daß es beiden nicht mehr viel bringt.

Beim ersten Mal brauchte ich ein Jahr, bis ich soweit war. Ein schmerzlicher Prozeß für beide. Jetzt, wo Gras über den Trennungsschmerz gewachsen und die Sexualität weggefallen ist, verstehen wir uns sehr gut. Sie ist meine beste Freundin, was wiederum zeigt, daß ich nicht daneben gegriffen habe. Von keiner der drei Frauen, mit denen ich länger zusammen war, kann ich das sagen. Zwei Beziehungen dauerten drei Jahre, die wichtigste vier. Das war eine erotische Symbiose, und das auf beengtem Raum in einem Zimmer durchzuhalten, ist schon was. Zwischendurch gab es nur leichte Ablenkungen.

Mit Friederike lebe ich nicht zusammen, weil sie noch verheiratet ist. Sie ist keine typische Betrügerin, nur: Ihr Mann lebt noch mit in der Wohnung. Ihr Verhältnis ist intensiv, aber sie schlafen nicht mehr miteinander.

Am Anfang hat mich das überhaupt nicht gestört. Da zählte nur: eine tolle Frau, geil und witzig, intensiv und stark. Ich wollte sie festhalten in der Anfangseuphorie. Da will man alles, dosiert nicht. Nach einem halben Jahr fing mich ihre häusliche Situation an zu stören. Eifersucht – kann sein. Manchmal möchte ich mit ihr leben, ein Kind mit ihr haben, mit ihr alt werden, dann wieder bin ich froh, daß es ein bißchen unverbindlicher ist. Daß ich wegbleiben kann, auch in eine andere Stadt gehen, wenn sich da etwas Interessantes beruflich ergäbe. Es läßt mich freier, es ist entlastend. Ein schönes Gefühl zu wissen: Wir sind zusammen, aber wir haben nicht den Alltag.

Wissenschaftler haben eine Dreijahresfrist ausgemacht für den Bestand von Beziehungen, resultierend aus der Urgeschichte, wo das »Männchen« zwei, drei Jahre bleiben muß, bis die Kinder aus dem Gröbsten heraus sind. Alles darüber hinaus geht nur mit einer ganz klugen Mischung. Wenn man die Spannung halten will, muß man Abstand gewinnen, damit man geil aufeinander ist. Mehr als drei Jahre die Geilheit erhalten, das ist die Herausforderung. Obwohl wir uns nicht so oft sehen, wird es schwieriger. Aber das ist neben dem Mögen und Verstehen das, was uns nach wie vor verbindet. Es ist ganz gut, daß ich nicht mehr so übermäßig spitz auf sie bin. Ich kann schon mal mit ihr ins Theater gehen, ohne gleich ins Bett zu müssen. Wenn es über diese Phase hinaus hält, umso besser. Aber ich will mich nicht verpflichten, nur weil ich einmal ja gesagt habe. Das Bild, das von der Kirche getragen wird – bis daß der Tod euch scheidet –, nein, damit will ich mich nicht quälen.

Es ist ein Blödsinn, von einem Mann zu verlangen, nur mit einer Frau zu schlafen und gleichzeitig von der Eigenschaft des Mannes zu wissen. Er ist nun mal auch dieser Jäger, der ausbricht und vögelt, auch wenn er fest mit einer Frau zusammen ist. Das ändert nichts an seiner Treue und Liebe zu der einen.

Die Frauen machen dann ein großes Trara, sehen das als Bedrohung, einfach lächerlich. Es ist doch etwas völlig anderes, seinen Trieben nachzugehen. Das ist für Männer kein Betrug, kein Konflikt, keine Lüge. Sie erwähnen es nicht, weil es nicht wichtig ist. Wenn die Frauen das nicht akzeptieren können, werden sie unglücklich. Es wäre einfacher für sie zu sagen, ich will das nicht wissen.

Von mir aus können die Frauen das auch tun, aber sie tun es nicht, weil sie es so nicht brauchen. Ich würde es als Bedrohung empfinden, wenn meine Freundin aufhört, mich zu lieben, und wenn sie dann fremdginge, wäre es wirklich ernst.

Ein Mann tut es nebenbei, eine Frau nicht. Deshalb (von sich auf andere schließend) reagieren Frauen auch so kraß, wenn der Mann fremdgeht. Das ist es, was Männer und Frauen trennt.

Verdammt, man muß es endlich kapieren, Männer sind anders als Frauen. Ja, wir sind ganz anders, Yin und Yang, andere Welten, und wir treffen uns in der Mitte. Wir ergänzen uns, respektieren das Anderssein. Im Laufe der Jahre bin ich von dem idealistischen Verschmelzungs- und Einheitsgedanken abgekommen. Im Bett ja, sonst nicht. Jeder braucht Privatheiten und Geheimnisse, eigene Ecken, die vom Partner nicht ausgeleuchtet werden. Alles andere wäre langweilig, fade und träge.

Wenn man sich nicht mehr versteht, auch sexuell nicht, soll man auseinandergehen. Wenn man Kinder hat, muß man sehen, wie man fair auseinanderkommt. Ich bin nicht verlogen. Das ist in dem »Buch der Lebensbestimmung« festgeschrieben. Da geht es um Lebenszahlen und deren Ursprung. Meine ist die Sieben. Ich bin nicht der Typ, der sich verkauft oder mehr vorgibt, als er ist. Meine Sicherheit hängt mit der Energie der Sieben zusammen. Auch wird mir eine starke Kreativität zugesprochen und Offenheit, ein Grundvertrauen zum Leben. Ich zeige mich.

Viele Männer haben verschiedene Ängste, sich zu zeigen und zu verraten. Manchmal bin auch ich schlecht drauf, kann meine Kräfte ins Negative wie ins Positive lenken. Als jagender Wolf spüre ich, ob ich an diesem Abend die Energie habe. Dann kann ich der positive Magier sein. Bin ich schlecht drauf, bin ich eine graue Maus, unbedeutend, ungesehen. Dann ist das eben nicht mein Abend. Ich habe nicht die Erwartungshaltung: Ich will geliebt werden wie ich bin. Das ist utopisch, vermessen und arrogant. Man muß erst einmal etwas geben, etwas abstrahlen. Die Frauen suchen ja auch. Es steht in ihren Augen, wenn sie offen sind für einen neuen Mann. Wenn du Sicherheit und Wärme rüberbringen kannst, hast du sie aufgebrochen. Ich spüre, wenn ich akzeptiert werde. Ich denke, daß nur wenige in Deutschland im weitesten Sinne animalisch an diese Dinge herangehen. Hinzu kommt die metaphysische Ebene, der Bereich des Unerklärlichen – wo die Liebe hinfällt –, das hat mit den Kräften zu tun, die du in dir hast, die mentale Ebene, nichts anderes. Das macht die Südländer ja so sympathisch …

Eine Vielzahl der Frauen würde natürlich gern mal den leichtesten Weg gehen, im Lotto gewinnen oder einen Millionär heiraten. Diese Frauen interessieren mich nicht, eher die Dreißigjährigen und Älteren, die das hinter sich haben, die davon die Schnauze voll haben, weil sie vielleicht auch enttäuscht worden sind. Die schauen auf andere Qualitäten, wissen, daß sie das, was sie für sich brauchen, selbst verdienen können. Da geht es nicht um tausend oder zehntausend Mark, sondern um eine Beziehung der Beziehung willen. Da ist das Defizit. Und da bin ich.

Ich verspüre einfach eine Leidenschaft, die Lust am Leben. Wenn es so ist, gibt es keine Überlegungen, wohin das führt, worin das mündet. Es kann bei einer Nacht stehenbleiben oder eine Beziehung daraus werden. Alles ist möglich, nichts ist festgelegt.

Wenn man die reinste Erfüllung nur in und über die Beziehung sucht und entsprechend viele Enttäuschungen hat, kann man nur verbittern. Es sind viele verbitterte Männer unterwegs, mit denen ich auch ins Gespräch komme, verkrampft und erfolglos, was Frauen betrifft. Ebenso Männer, die dreißig oder vierzig Jahre alt sind und sich nicht festgelegt haben. Die sind sauer, unerfüllt und haben große Probleme, eine neue Liebe zu finden. Man muß also aufpassen, weder in die eine noch in die andere Gruppe zu rutschen.

Ich bin ein Stehaufmännchen in jeder Beziehung. Ich glaube, daß ich auch noch mit vierzig eine finde, je nachdem wie ich mich halte. Männer haben den Vorteil, daß sie auch noch mit fünfundvierzig attraktiv sein können.

Eine Zeitlang habe ich die absolute Liebe gesucht. Heute mache ich mir einfach keine Gedanken mehr darum. Es ist doch eigentlich völlig egal, ob das jetzt Liebe ist oder Wärme oder mehr Kopf oder mehr Sex. Wenn es stimmt, dann stimmt's. Ich kann da leicht reden, weil ich verwöhnt bin und noch andere Inhalte im Leben habe, die mich interessieren. Man darf nicht alles in die Frau hineinlegen.

Liebe passiert nur in Augenblicken, ist keine durable Geschichte, muß immer wieder passieren. Ich liebe Friederike im Augenblick leidenschaftlich, habe das Gefühl, ich könnte sie noch in zwanzig Jahren lieben. Ich liebe ohne zu wissen, was das eigentlich ist, und bin froh, daß ich das alles so bewußt erleben kann, einerseits eine gute Beziehung, andererseits die Hoffnung auf Erfüllung und Erfolg auch in der Arbeit. Das ist mir wichtig. Wenn das eingetreten ist, werde ich wohl darauf achten müssen, ob die Frauen meinen Erfolg haben wollen oder wirklich meinen Schwanz.

Ich muß aufpassen, denn manchmal bin ich nahe daran, umzukippen. Ich bin zynischer geworden. Das gefällt mir, aber ich möchte nicht zum Zyniker werden, möchte mich nicht verlieren, denn dann würde ich Frauen nur noch benutzen. Das passiert schon hin und wieder, man lacht sich eigentlich kaputt über die blöde Tussi und geht trotzdem mit ihr ins Bett. Dann bin ich nur ein Verschleißer und todunglücklich. Konsequenter wäre es dann, sich Frauen zu kaufen. Ein verständlicher Prozeß, wenn Männer genügend Enttäuschungen erlebt haben, aber dieses Stadium möchte ich nicht erreichen, ich möchte meine Poesie erhalten und meine Jugendlichkeit.

Ich werde nie die Frauen kapieren – na und? –, das kann man doch einfach so lassen. Ich werde auch nicht die Welt verstehen, jedenfalls nicht alles. Was ist die Welt? Vögel fliegen, weil sie fliegen, Blumen wachsen, weil sie wachsen,

Frauen sind, weil sie sind. Man kann sich an ihrer Schönheit erfreuen. Frauen bedeuten für mich Leben. Daß es sie gibt, ist immer wieder spannend, eine geile erotische, eindeutige Lebensqualität auf dieser Welt.

3

»Ich verliebe mich in Frauen, weil sie das von mir erwarten. Nicht unbedingt, weil ich sie will, sondern weil sie mich wollen ...«

Gerard G., 38 Jahre, Musiker, geschieden, keine Kinder

Wieviele Frauen geliebt? »Im Moment des Geschehens fast alle, rückblickend vielleicht drei.« Mit wievielen geschlafen? »Ich weiß es nicht, ich wollte es mal zählen, habe ich aber nicht, es sind sicher über hundert.«

Lange, offene Haare oder Zopf, durchlässiges Gesicht mit klaren blauen Augen, blauäugig also. Trainierter Körper. Ein weicher Mensch, der sich die Fähigkeit des Staunens und des Wunderns bewahrt hat.

Ich bin an einem Punkt angelangt, wo ich sagen kann: Ich habe alles falsch gemacht. In der Musik, in meinem Leben, in meinen Beziehungen. Das war meine Bilanz in der letzten Woche.

Heute sieht's schon wieder anders aus, heute habe ich Grund zur Zuversicht. Weil ich erstens eine CD machen kann und zweitens: Ich habe Jana wiedergesehen, Diana getroffen und Nicole kennengelernt, Frauen, mit denen ich gern eine Affäre hätte, die sich vielleicht auch zur großen Liebe entwickeln könnte. Ich kann mich wieder fragen, was will ich? Will ich etwas ganz Tolles, etwas Festes für immer, oder will ich nur Affären?

Ich möchte chronologisch vorgehen, um zu erklären, was falsch gelaufen ist. Zum Beispiel meine letzte Beziehung – eine typische Gerard-Beziehung. Ich lernte Birte über unseren Schlagzeuger kennen. Sie ist die Freundin seiner Freundin. Birte hatte noch eine Beziehung zu einem abgestürzten Typen aus Berlin, abgebrochenes Studium, schlechtes Saxophon, Drogen, jung wie sie, sechsundzwanzig Jahre. Der Freundin hat das nicht gefallen. Daher der Gedanke, mich mit Birte zu verkuppeln. Ich sollte sie von dem Typen lösen, Ordnung in ihr Leben bringen. Darüber wurde auch offen mit mir gesprochen, scherzhaft zwar, und so trafen wir nach der Vorstellung zusammen, erst im Theaterrestaurant, dann gingen wir tanzen auf dem Kiez, ein lustiger Abend, an dem nicht viel passierte.

Sie hat mir natürlich sehr gefallen, weil sie so eine schöne Hamburger Dern ist, blond und groß und schlank. Wir waren beide nicht uninteressiert. Ihren Satz »Ich will nicht wieder Scheiße bauen« verstand ich nicht ganz. Sah sie mich als potentiellen Liebhaber, zu dem sie sich noch nicht klar entschließen konnte, oder dachte sie an den anderen? Es ging nichts voran, wir wurden mehr oder weniger zusammengeführt, irgendwie war das peinlich. Ich dachte, was will ich eigentlich von ihr? Ich kann kaum mit ihr reden, habe keinen Draht. Daß sie einen schönen Körper hat, ist doch nicht genug. Es muß ein geistiger Austausch möglich sein. Ich bemühte mich um Lockerheit, sagte: Wir sollen verkuppelt werden, also laß uns etwas dafür tun. Sie lachte, redete Belangloses und dann wieder nichts.

Beim dritten Treffen ist es passiert. Es gibt einen Spruch: Je einsamer man wird, desto begehrenswerter werden die Frauen. Als Mensch ohne Beziehung wünscht man sich umso heftiger eine, je länger man keine hat. Es war klar, daß sie mit mir kommt. Sie sagte nur: »Naja, dann muß es jetzt wohl passieren …« Schon wieder so ein merkwürdiger Satz und eigentlich ein Zeichen dafür, daß es nicht gutgehen konnte. Irgendwie hat sie sich selbst gut zugeredet.

Die erste Nacht war nicht toll, muß ich das näher erklären? Es war einfach so, daß sie erregt schien und ich dachte: So irre bin ich nun wieder nicht. Sie täuscht das vor, die berühmte Orgasmuslüge der Frauen. Ich nahm das nicht ernst, und damit nahm ich sie nicht ernst. Für mich war es nicht die Erfüllung, denn ich liebte sie zu diesem Zeitpunkt noch nicht. Am nächsten Morgen fuhr ich sie zur Arbeit, das war's. Wir machten nichts aus. Später sprach ihre Freundin mit mir darüber. Daß es mir wohl nicht so gefallen hat im Gegensatz zu Birte. Ich blieb unberührt, war noch draußen.

Nach vier Tagen wollte ich sie anrufen, um die Sache irgendwie abzuschließen. Es war mir klar, daß sie noch ihren Freund hat, kurz: Ich war in einem für mich typischen Zustand, aus dem meine typischen Beziehungen entstehen. Irgendwie wußte ich, daß Birte auf keinen Fall für mich die

Erfüllung sein konnte. Aber es war immerhin eine Frau da – sagen wir es mal grob –, mit der ich schlafen konnte und wollte. Da gingen meine Seele und mein Körper getrennte Wege, und damit beginnt der nicht so offensichtliche Kampf. Ich denke, daß die Triebhaftigkeit Hormone ausschüttet, die über den Verstand siegen. Hinzu kommt die Angst vor Einsamkeit.

Ich rief sie also an, sie war wortkarg, trotzdem kam eine Verabredung dabei heraus. Wir ließen uns ein wenig mehr aufeinander ein, das heißt eigentlich ließ ich mich von ihrer Wortkargheit aus der Reserve locken. Sie meinte nur: »Gib mir ein bißchen Zeit, mit meinem Freund ist es noch nicht abgeschlossen.«

Und das ist typisch für mich: Nachdem ich viele ähnliche Beziehungen hatte, glaube ich nicht daran, daß man sich immer denselben Frauentypus wählt, sondern daß man aus jedem Frauentypus denselben für sich macht. Das kann es ja auch geben, daß Menschen, egal ob Frau oder Mann, sich in einer Beziehung wandeln. Eigentlich ist das ja die Kraft und die Macht der Verliebtheit. Ich suche mir also keine Frau, die in mein Muster paßt, sondern forme sie nach meiner Schablone. Oder werde geformt, richtiger: verformt, wie im Fall Birte. Ich hatte nicht genug Kraft, um bei mir zu bleiben, sah nicht klar, daß die Frau nicht die Richtige für mich ist. Mein Fehler.

Ich bemühte mich wortreich um Birte, wollte sie unterhalten, da ich die Stille nicht aushielt. Und sie fühlte sich wohl dabei, das hat sie so gesagt. Im Prinzip immer dasselbe, ich agiere nicht, sondern reagiere. Sie ist stumm, also rede ich. Sie kommt zu mir, also nehme ich sie auf und an. Nicht unbedingt, weil ich sie will, sondern weil sie mich will. Ich verliebe mich in sie, weil sie das von mir erwartet.

So war es auch bei Evelyn. Da habe ich mich bewußt verliebt, meine Gefühle sind voll mit mir durchgegangen wie bei einer echten Liebe. Aber im Hinterstübchen wußte ich auch damals: Das ist nicht die Frau der Frauen.

Eigentlich weiß ich von Anfang an, ob es gutgeht oder nicht. Obwohl ich sehe, daß es nichts werden kann, mache ich es trotzdem und erfülle damit ihre Erwartungshaltung.

Im Endeffekt gibt mir das gar nichts, diese schmerzliche Erfahrung habe ich mehrmals gemacht. Ich sehne mich nach echter tiefer Liebe, Zusammensein in einer guten Partnerschaft, bin bereit für alles: Zusammenwohnen, Kinder, Heirat. Das macht mir keine Angst. Mit Birte wollte ich das, selbstverständlich, wir wollten heiraten.

Ich bin hin- und hergerissen zwischen dieser Sehnsucht und dem Wunsch, nur Affären für den Moment zu haben, weil ich beruflich, das heißt auch finanziell erst mal dahinkommen muß, daß ich mich wohlfühle. Frauen schleudern mich regelmäßig zurück, Karriere und Liebe – das läßt sich nicht gleichzeitig leben. Wenn ich liebe, vergesse ich alles andere. Das kann ich mir nicht mehr leisten. Da muß ich mir nur mein Schuldenkonto ansehen. Es ist nicht wert, Erwartungen anderer zu erfüllen und selbst dabei draufzugehen. Zwei Seelen in meiner Brust, das Tier will befriedigt sein, der Geist mahnt zur Vorsicht.

Zurück zu Birte. »Auch ich will mehrere Kinder« – damit hat sie bei mir alle Pforten geöffnet. Wir haben rumgesponnen, sahen plötzlich beim Spazierengehen nur noch Pärchen mit Kindern. Ich hatte mich selbst in diesen verliebten Zustand katapultiert. Das geht von einer Sekunde auf die andere. Wenn ich mich dafür entscheide, gibt es kein Zurück mehr, dann sind die Hormone ausgeschüttet.

Vierzehn Tage vor ihren Tagen ließen wir die Kondome weg, sagten: »Jetzt machen wir unser Kind.« Das war super, wir haben alles ausprobiert. Dieser Zustand ist eskaliert. Die ganze Zeit zusammen schlafen, überall, kann man sagen. Es war die reine Sexualität, wild und sehr romantisch, weil ja der Kinderaspekt dabei war. Wir sprachen über unsere Hochzeit. Innerhalb dieses beschriebenen Zustands, nicht neuneinhalb, sondern fünf Wochen des Verliebtseins, arbeitete trotzdem in meinem Innern etwas, das Birte eigentlich nicht wollte. Das zeigte sich in meiner Selbstdarstellung. Ich machte ihr nichts vor, war total ehrlich, erzählte, daß wir ganz klein in meiner Einzimmerwohnung anfangen würden, daß ich große Schulden hätte. Ich holte alles Negative aus meiner Kindheit hervor. Genauso bewußt/unbewußt, wie ich mich in sie verliebt hatte, leitete ich damit die Entliebung in die Wege.

So war es bei Susanne, so war es bei Evelyn. Wie ich mich selbst darstelle, ist eigentlich Indiz für mich, ob ich wirklich liebe oder mich nur in die Idee verliebt habe. Käme die richtige Frau, würde ich das Blaue vom Himmel erzählen, würde mich ins beste Licht setzen.

Obwohl ich auf diese Weise die Trennungen selbst herbeiführe, leide ich sehr darunter. Ich war nicht genug Freund, um das, was ich von vornherein gesehen habe, zu akzeptieren und sie dann gehen zu lassen. Obwohl meine erste Empfindung psychisch-physische Erleichterung war, war ich eine Sekunde später tief getroffen. Ich verfolgte sie mit meiner Verzweiflung.

In meinem Tagebuch las ich kürzlich über eine zehn Jahre zurückliegende Beziehung. »Susanne hat mir heute gesagt, daß sie mit einem anderen eine Affäre hat. Es macht mir nichts aus. Innerlich rührt sich nichts. Aber um ihre Erwartungen zu erfüllen, denke ich mir, jetzt ist Eifersucht angesagt. Also versuche ich es damit – und leide wirklich.«

Trotzdem, das muß ich klarstellen, die Liebe ist echt gewesen, zu Birte, zu Susanne, zu Evelyn. Und jetzt, in der Nach-Birte-Zeit, bin ich ganz froh und dankbar, daß es noch einmal schlecht gegangen ist. Nun weiß ich wirklich, daß ich mich auf mein anfängliches Gefühl verlassen kann. Es muß mir darum gehen, mich und meine Gefühle zu beschützen, weil ich auch künstlerisch im Leben weiterkommen will. Finanziell muß ich zumindest auf Null sein, um mich in einer Frauenbeziehung wohlfühlen zu können. Denn bis jetzt kann ich nicht mal das Selbstverständliche erfüllen, was Frauen von einem Mann erwarten – Geld verdienen, eine Familie ernähren. Ich kann arbeiten, habe Talent, gute Jobs in Aussicht, ich werd's schaffen. Und dann muß ich niemanden mehr demontieren, am wenigsten mich selber. In meinem Alter muß ich den Boden schaffen fürs Glück.

Schon einmal habe ich vor den äußeren Umständen kapituliert. Das war in New York während meiner ersten Ehe. Meine Frau war phantastisch, der geistige Austausch, das Romantische, das Verstehen, Zeichen richtig oder überhaupt sehen, gegenseitiges Erkennen, Übereinstimmung, Klarheit. Wenn Birte stumm war, war nichts. Wenn Mona geschwiegen hat, war trotzdem Verständigung da. Das nur zum Vergleich. Dahin möchte ich wieder kommen.

Ich war vier Jahre mit meiner Frau zusammen, die Heirat an sich war unwichtig, wichtig war: Es war für uns beide die große Liebe. Zwischendurch ging ich sieben Monate auf Tournee und hatte ebenso lange eine Affäre. Das spielte für mich keine Rolle. Die Liebe zu Mona blieb unangetastet durch die Affäre mit Louise, eine Art Flittchen. Das meine ich nicht diskriminierend. Sie war witzig und unkompliziert, ist einfach zu mir ins Bett gesprungen. Was soll ich da machen. Außerdem war sie eine sehr schöne Tänzerin, es hat sich gelohnt.

Bei Mona, mit Mona ist mir nichts abgegangen. Aber sieben Monate ohne sie ... Mona hatte Gerüchte gehört, ich leugnete es, weil ich sie nicht verlieren wollte. Sie fand ein Foto im Gepäck, stellte mich zur Rede, schlug verzweifelt auf mich ein. Dann erzählte sie mir, auch mit jemandem geschlafen zu haben, aber ich verstand, daß sie tief enttäuscht von mir war. Sie konnte nicht begreifen, daß ich sieben Monate lang fremdgegangen war, das war zu viel.

Ich bin dann gegangen. Sie hat mich nicht rausgeschmissen, aber sie hatte recht. New York ist im Winter sehr kalt. Ich wußte nicht wohin, saß an einer Ecke, habe voll gelitten, konnte nicht mehr zurück. Nach einer Stunde erschien sie – das ist die Klasse, die ich nur bei ihr fand – und sagte: Es ist passiert. Aber neben der Enttäuschung bin ich auch noch dein Freund. Komm mit, es ist kalt, komm nach Hause. Es hat sich wieder eingerenkt, sie bemühte sich, darüber hinwegzusehen, konnte es aber auf Dauer nicht. Ich kann's verstehen, meine Schuld. Sie war in der Konfusion die Konstante.

Ich hoffe, daß diese menschliche Reife auch in mein Leben kommen wird. Selbstverständlich war das nichts Perfektes, aber bis heute bin ich beeindruckt, weil sie für ihr Alter, sie war Anfang Zwanzig, sehr viel Weisheit besessen hat. Mit ihr war in allen Richtungen alles möglich, auch im Unperfekten. Trotzdem ging es auseinander, einmal wegen meines langen Fremdgehens, zum zweiten: Überleben in New York. Sie brauchte Sicherheit, und ich habe es selbst nicht gepackt. Ich wohnte bei ihr, finanziell war es sehr knapp, und in Deutschland hatte ich noch Schulden. Das war zu viel. Ich hatte keinen Respekt vor mir, kein Selbstwertgefühl.

Sie hat wieder geheiratet, ich liebe sie immer noch. Sie wird wiederkommen, wenn die Zeit dafür da ist. Die wirkliche Liebe ist etwas Größeres, etwas Zielloseres als die Beziehung.

Der Schlüssel fürs Verlieben, für die Abhängigkeit, ist der steigende Testosteron-Anteil. Das habe ich gelesen, und das hat mich überzeugt. In jeder Beziehung tauscht man Hormone aus, nicht nur über den Samen, sondern vor allem über den Speichel. Es wurden exakte Messungen bei Fußballfans durchgeführt. Sieht der Mensch einem harten Kampf seiner Mannschaft zu, ist der Sieg nahe, steigt der männliche Hormonspiegel. Verliert die Mannschaft, sinkt er. Das läßt sich übertragen: Beim Kampf um die Frau, die zu gewinnen ist, steigt der Hormonspiegel. Bei Zungenküssen und beim Miteinanderschlafen gehen die männlichen Anteile in die Frau über. Es cntsteht eine chemische Verbindung. Das ist die Verliebtheit im biologischen Sinn, die gegenseitige Sucht aufeinander aufgrund der Verschmelzung von Körpersäften. Nach vier Jahren etwa ist dieser Vorgang abgebaut. Das hat die Natur so eingerichtet.

Man sagt ja, Beziehungen halten lange, wenn man Respekt vor dem anderen hat und sich darum bemüht, ihn immer wieder neu zu erobern, das heißt, nichts schleifen lassen, auch charmant sein. So kann es sein, daß sich der Testosteron-Spiegel im Blut immer wieder neu bildet, weil man immer wieder einen kleinen Sieg erringt. Vor allem, wenn man sich aktiv damit beschäftigt, der Frau männlich zu imponieren. Das ist es wert, eine Beziehung am Leben zu erhalten und sie nicht einfach hinzunehmen, wie es bei neunzig Prozent der Fall ist. Die tragen ihre Beziehung ab wie eine Hose. Bei Mona und mir war es so, daß wir uns schon sehr umeinander gekümmert haben. Genau wie um den eigenen Körper, wenn du dich nicht darum kümmerst, schläft er ein. Fitneß verlangt eigene Anstrengung, Liebe auch.

Zurück zu meinen Beziehungen: Ich will diese Wiederholungen nicht mehr. Das wird sinnlos. Das Rad dreht sich immer schneller und katapultiert mich hinaus. Ich möchte es aus eigener Kraft schaffen, nicht mehr so ausgeliefert sein.

Ja, damit hat auch die Homöopathie zu tun, die ich jetzt begonnen habe, der Sport, den ich schon lange betreibe. Ein gesunder Geist in einem gesunden Körper, so einfach ist die Erkenntnis und auch so belastet und mißbraucht.

Ich kämpfe um Schuldenfreiheit, finanziell wie emotional, denn dieses Schuldhafte hat sich auch auf Beziehungen übertragen. Ich nahm quasi die Schuld auf mich, mich in Frauen zu verlieben, die ich anfangs gar nicht wollte. Aus demselben Symptom habe ich Schulden, das ist Teil meines Lebens, scheinbar unabänderlich. Aber die Schulden sind keine Schicksalhaftigkeit, sondern eine selbst konstruierte Entschuldigung für vieles, eine gute Ausrede. Durch meine Biografie zieht sich schuldig sein, sich schuldig fühlen. Ich will das nicht weiter ausführen, nur soviel: Bei meiner Mutter war ich an allem schuld. Also machte ich richtige Schulden in meinem Erwachsenenleben.

Das durchbreche ich jetzt bewußt. Und ich bin sicher, es im nächsten August finanziell geschafft zu haben. Ich weiß, was ich will. Die Liebe und die Schuldenfreiheit, das bedeutet auch Lockerheit in meiner Kunst, Erfolg. So hat das Leben einen Sinn.

Trotz dieser Einsichten und Erkenntnisse fühle ich mich im Moment, was Beziehungen zu Frauen betrifft, unsicher. So cool, um von vornherein sagen zu können, ich will nur eine Affäre, etwas anderes kann ich mir jetzt nicht leisten, bin ich nicht. Denn zu einer Affäre gehört auch die Illusion, daß es sich weiterentwickeln kann. Ich möchte jetzt einfach durchjobben als Taxifahrer und nichts anderes.

Vor kurzem hätte ich eine wirkliche Affäre haben können. Ich fuhr eine gleichaltrige Frau in ihr Hotel, und es war klar, daß ich nur mit raufgehen mußte und es haben könnte. Ich tat es nicht, fuhr weiter, weil ich Geld brauchte. Jetzt denke ich, etwas versäumt zu haben, zumal ich wußte, daß sie am nächsten Tag abreisen würde.

Ich muß den Gedanken verlieren, Affäre oder nicht, Beziehung oder nicht. Es gibt auch die Chance, nicht Mann zu sein, sondern Freund. Je mehr ich mich selbst verwirkliche in meinem Leben, desto mehr wird sich die Liebe verwirklichen.

Ich muß daran arbeiten, daß sich alles zum Guten wendet, muß nicht so viel denken und planen. Natürlich gefallen mir Mädchen und Frauen, das kann ich nicht abschalten. Ebenso wie ich Birte noch nicht abschalten kann. Ich möchte auch sagen, warum. Ich glaube, daß auch sie das Gute in sich selber sucht und in der Beziehung. Vor meiner Demontage hat sie mich ja geliebt und gesehen: Da ist jemand, der sie rausreißen könnte. Sie sucht etwas, genau wie ich. Es hätte auch gut ausgehen können. Das von mir inszenierte Drama zum Schluß hat sie total genervt, aber ihr vielleicht auch gezeigt, daß ich sehr viel für sie fühle. Hätte ich auf meinem eigenen Land gestanden, wäre Birte vielleicht mit mir gegangen. Das eigene Land – wenn man es hat, kommt es nicht darauf an, wen man liebt, sondern wie man liebt.

Ich denke an Ann-Katrin, auch eine Frau, die ich nicht hundertprozentig geliebt habe. Sie ist auf mich geflogen, eine Drogenfrau, die ich mehr oder weniger abwehrte, die mich andererseits faszinierte. Sie war sehr jung, schön, interessant, lebendig, wahnsinnig und lebenssüchtig, bis hin zum Tod. Die mir auch das Schönste sagte, was je eine zu meiner Musik gesagt hat: »Wenn ich dir zuhöre, weiß ich, warum ich leben kann.« Sie war sehr verliebt in mich und hat gespürt, daß ich sie nicht ganz liebe. Als ich dann von ihrem Tod erfuhr – sie war rückfällig geworden und an dem ersten Schuß gestorben –, war ich unbeschreiblich getroffen. Sie war noch einen Tag vorher bei meinem Konzert gewesen, ich hatte sie nicht auf den Mund geküßt, nicht auf die Wange, hatte sie gehen lassen, obwohl sie bleiben wollte. Ich machte mir große Vorwürfe, weil es auch die Möglichkeit gab, daß sie aus Liebeskummer gestorben ist. Ich fühle mich mitschuldig durch meine Unklarheit ihr gegenüber, weil ich ihr nie gesagt habe, ich liebe dich nicht. Wenn es um echte Gefühle geht, darf man auf keinen Fall spielen. Lieben heißt auch Verantwortung übernehmen. Es ist eine Respektlosigkeit, Menschen, die wir nicht wirklich lieben, sexuell und gefühlsmäßig zu benutzen. Die wirkliche Liebe ist das einzige, was zählt im Leben. Das ist das höchste Gut. Es klingt wie eine Farce, aber der Glaube daran ist uns verloren gegangen, wie der Glaube an Gott. Für viele bedeutet Beziehung die Ordnung des Lebens, Nebensache. Liebe – diese tiefe Spiritualität, dieser unendliche Raum, der zeitweise entsteht … Man fällt zwar immer wieder auf den Boden, aber eigentlich geht es nur darum im Leben.

Ich könnte mir auch vorstellen, Geliebter zu sein. Jana zum Beispiel. Sie ist verheiratet, hat ein kleines Kind und ist nicht treu. Das weiß ich. Aber vielleicht ist das schon zu viel, was ich über sie weiß. Jetzt habe ich nicht mehr die Unbeschwertheit. Dann gibt es die Möglichkeit einer Affäre mit einer Rumänin. Sie ist in mich verliebt, ich nicht in sie, das alte Muster ... lasse ich lieber. Diana ist auch verliebt in mich, ich nicht in Diana. Wir liegen zusammen im Bett. Ich finde sie süß, nett, hochintelligent, erfrischend, aber ich schlafe nicht mit ihr. Ich spüre die Bürde, daß sie in mich verliebt ist, will aber nicht aus Mitleid mit ihr schlafen, sondern es aus Respekt nicht tun, möchte Freund sein. In Hamburg ist auch noch etwas offen, Christl, eine Eintagsfliege. Im Prinzip sind mehrere Eisen im Feuer.

Vielleicht will ich die Frau auch als Statussymbol. Na klar, die schöne Frau, die junge Frau, das ist wichtig, signalisiert für die Umwelt Erfolg, steigert das Selbstwertgefühl. Und alle meine »Eisen« sind schön und jung, alle nicht älter als einundzwanzig Jahre. Ich las, daß sich der Mann eine schöne Frau sucht, weil er durchs Auge erregt wird, und daß Paare, die sich gegenseitig attraktiv finden, öfter miteinander schlafen als andere und somit ihre Beziehung länger hält. Auch aus diesem Grunde wünsche ich mir eine sehr schöne Frau. Ich muß mir den Mut erwerben, auch die allerschönsten anzumachen, denn die sind oft einsamer als man denkt, eben weil sich keiner rantraut.

Es ist keine Schande, arm zu sein. Das kann man vor aller Welt vertreten. Jede Frau, die ich anstrebe, wird damit fertig, denn ich kann sagen: Ich bin zwar arm, aber ich bin begabt, und du bist sehr schön. Diese Unverschämtheiten kann ich mir leisten, wenn ich auf meinem Land stehe. Aber dauerhaft in den Miesen zu sein, hat etwas Krankhaftes.

Eigentlich hat bei mir alles ganz »gesund« angefangen. Meine erste erotische Begegnung fand im Kinderheim statt, eine schöne dunkelhaarige Frau, die Sexualität ausstrahlte und die, wie sich herausstellte, in dieser Richtung auch sehr tätig war. Ich wußte nichts Genaues, fing an zu ahnen und ließ mich schon als Junge zu dem Satz hinreißen: Wenn ich einmal liebe, kann ich mir nicht vorstellen, an etwas anderes zu denken, weil es ja nichts Schöneres gibt. In der Schule war ich hoffnungslos in ein Mädchen verliebt, das ich im Traum heiratete. Die Sehnsucht war schon früh da. Befriedigt wurde sie erstmals von einer Freundin meiner Mutter, auch sie dunkelhaarig, wärmeausstrahlend und mich ins Vertrauen ziehend. Die ganze Atmosphäre war bedeutungsvoll. Meine Mutter hatte ebenfalls ein sehr reges Liebesleben, einmal drei Freunde parallel und das in einem Ein-Zimmer-Appartement, wo sie mit mir wohnte. Ich bin groß geworden in Frauenwelten.

Sie und ihre Freundin unterhielten sich oft über die Männer, ich verstand nicht viel. Das hatte aber nie den Anschein von Schmutzigem, meine Mutter hat mir auch vermittelt, daß die Liebe etwas sehr Schönes ist. Daß Mann und Frau gut zusammen passen und daß das, was sie tun, etwas Natürliches ist, egal was die anderen darüber reden. Das einzige, was meine Mutter mit mir richtig gemacht hat.

Meine Fehler oder Probleme kommen also nicht von unterdrückter oder verklemmter Sexualität, sondern sind selbstgemacht. Ich würde mich gern um eine Frau kümmern, Wünsche von den Lippen ablesen und sie erfüllen. Aber erst, wenn ich es mir leisten kann.

Weil ich mir zuviele Gedanken über die Frauen mache, verliere ich mich oft. Wenn ich die große Liebe fände, bräuchte ich keine Affären, aber da müßte ich auf meinem eigenen Land sein, wohin ich sie einladen könnte.

4

»Ich mußte fast vierzig Jahre alt werden, um zu erleben, daß Sexualität mit einer Frau der totale Genuß sein kann.«

Joachim J., 53 Jahre, Ingenieur, seit 27 Jahren verheiratet, zwei Kinder

Fünf Frauen hat er geliebt und mit dreien hat er geschlafen (»außer Gunstgewerblerinnen«).

Ein Mann ohne besondere Eigenschaften, besser: ohne besondere Kennzeichen, passable Figur, passables Aussehen, klares, offenes Gesicht, sportlich, aber nicht zu sehr, volles Haar, fester Händedruck – ganz der Typ des zuverlässigen, verständnisvollen Ehemanns, scheinbar ohne Geheimnisse, kurz: ein ganz normaler Mann.

Ich bedaure die Männer, die viele Frauen haben müssen. Ich vermute mal, daß sie das für ihr Selbstbewußtsein brauchen ... Allein so etwas herumzuerzählen. Ich habe keine engen Freunde, mit denen ich intime Gespräche führen kann. Mit Männern sowieso nicht, mit Frauen ja.

Meine Beziehung zu Frauen hat sich langsam entwickelt. Noch mit fünfundzwanzig Jahren war ich unschuldig. Also ein wirklicher Spätentwickler. Das hat mir auch meine Tochter bestätigt, als sie Fotos aus dieser Zeit von mir sah.

Die ersten zehn Jahre meiner Ehe war ich monogam, dachte nicht einmal an andere Frauen.

Als unser erstes Kind zwei Jahre alt war, änderte sich das. Ich meine, da schaute ich schon mal eine andere Frau an. Es kamen zwei Dinge zusammen: Meine Frau war durch den plötzlichen Tod ihrer Mutter tief getroffen und ziemlich neben sich. Das nahm ich ihr nicht übel, ist doch klar, ein Schicksalsschlag. Ich bin ein Mensch, der versucht, schnell über so etwas hinwegzukommen. Sie nicht. Langsam hatte ich aber doch das Gefühl, daß sie übertreibt. Sie ließ sich gehen, ja fallen.

Das zweite »Ding« war meine neue Sekretärin. Anfangs hatte ich keine Hintergedanken, war nicht auf der Suche nach einer anderen Frau. Aber im Laufe des Jahres entwickelte sich da etwas. Sie war neunzehn, gute Figur, groß und schlank, lange Haare, hübsches Gesicht, enge Hosen, vom Ganzen her eine Klassefrau mit Sex-Appeal. Sie war nur für mich zuständig. Es ging mir nicht durch den Kopf: Die muß ich aufreißen. Ich fand es einfach nur nett, wenn wir zusammen Kaffee tranken, über dies und jenes plauderten. Ich hatte das Bedürfnis, öfter mit ihr zusammenzusein. Da kam ich auf die Idee, für mein Büro eine Espressomaschine zu kaufen. Hat sich total bewährt, so war jeden Tag Espresso-Time, nach dem gemeinsamen Mittagessen in der Kantine. Sie blieb für mich »Fräulein«, so sagte man damals, und natürlich waren wir per Sie. Mehr und mehr lud sich etwas zwischen uns auf. Wir funkten auf der gleichen Wellenlänge. Sie interessierte sich für Oper, ich auch.

Es stellte sich dann heraus, daß sie bereits ziemlich viele Erfahrungen mit Männern hat, daß eine enge Beziehung mit einem Kollegen in der Firma hinter ihr lag. Das war so gegen Ende des Jahres 1979. Ich hatte mir vorgenommen, Christine, so ist ihr Vorname, zum Essen einzuladen, etwas, wovon meine Frau nichts wissen sollte.

Das war der erste Schritt zum Fremdgehen.

Um das Weitere verstehen zu können, muß ich etwas ausführlicher erzählen. Meine Frau lernte ich während des Studiums kennen. Es war nicht Liebe auf den ersten Blick – es war eine Studentenfreundschaft. Wir waren drei Knaben, sie war die Frau, wir unternahmen viel gemeinsam. Ich fand sie nett und sympathisch, hatte aber nicht den Mut, an mehr zu denken, geschweige denn, etwas in dieser Richtung zu versuchen. Ich war, wie gesagt, ein Spätentwickler. Sicher, ich hatte vorher schon Freundinnen, sogar eine richtige Liebe mit erotischen Gefühlen. Für mich war es schon ganz toll, wenn ich ein Mädchen küssen konnte. So ist es übrigens noch heute: Ein leidenschaftlicher Kuß kann für mich der Himmel sein.

Die erste Freundin hatte mehr Erfahrung als ich, nach langer Zeit wagte ich die Frage: »Darf ich dich küssen?« Sie hat mich gelehrt, daß man ein Mädchen das nicht fragen darf. Eine Lektion, die ich scheinbar bis heute nicht richtig gelernt habe, denn ich frage noch immer …

Jedenfalls: Ich durfte – und war im siebten Himmel. Es gab noch andere Mädchen, aber die waren nicht beeindruckend. Alles in allem hatte ich eine bewahrte Jugend. Das Verhältnis mit meiner Frau war ein halbes Jahr lang neutral. Bis zu einer Party. Viele Knaben und Mädchen waren da. Sie kam gut an bei den anderen, lustig, selbstbewußt, gutaussehend. Das registrierte ich sehr wohl. Sie fragte mich, ob wir nicht zusammen Whisky trinken wollen, und schleuste mich in das abseits liegende Wohnzimmer auf die Couch und küßte mich, voller Leidenschaft. Sie hatte mich ausgeguckt, das wußte ich jetzt. Dann ging das halt los mit uns. Wir nutzten die nicht so reichlichen Gelegenheiten, um zu zweit allein zu sein. Im Auto des Vaters war das möglich und in dem katholischen Studentenheim, in dem ich wohnte, aber nur, wenn mein Kamerad nicht zu Hause war. Das ging sowieso nur Mittwoch, Samstag und Sonntag. Denn nur an diesen Tagen war Mädchenbesuch erlaubt. Natürlich nicht über Nacht.

Wir legten uns ins Bett. Sie legte Hand an, so ähnlich kann man das ausdrücken. Ich vermute mal, daß sie mehr Erfahrungen hatte als ich. Gefragt habe ich sie nicht danach, auch später nicht. Es war aufregend, ganz toll. Aber sie wollte nicht, daß ich es ihr zurückgab. Ich durfte sie auch nicht an den Busen fassen. Sie meinte, der wäre zu klein und nicht gut genug für mich. Ich respektierte das eine ganze Zeitlang. Doch nach einem Faschingsball wollte ich es wissen, wollte richtig mit ihr schlafen. Sie hat total verschreckt reagiert. Ich führte das auf die Angst vor einem Kind zurück.

Irgendwann war es uns zu blöd, keinen richtigen Platz für uns zu haben, im kalten Auto zu sitzen und uns zu küssen. Also haben wir uns zur Heirat entschlossen. Wir waren uns einig, daß wir zusammenpassen. Das Erotisch-Sexuelle stand nicht im Vordergrund. Irgendwie war sie für mich der Typ Frau, den ein Mann gerne heiratet. Ihre Ablehnung war nicht traumatisch für mich. Ich bin nicht in sie gedrungen, im doppelten Sinn nicht, konnte ihr Zurückweichen akzeptieren. Wir sprachen nicht mehr darüber.

Meine Eltern hatten übrigens anfangs etwas gegen diese Heirat, gegen die Frau, die ihnen zu selbstbewußt erschien und die außerdem kein Interesse am Haushalt zeigte. Meine Mutter fürchtete wohl, daß sie mit mir umspringt. Sie wollte ihren Lieblingssohn nicht mit einer Frau verheiratet wissen, die das Sagen hat und nicht kochen kann. Ich setzte mich aber durch. Nach Beendigung meines Studiums heirateten wir. Die Möbel für unsere kleine Zweizimmerwohnung hatte der Schwiegervater bezahlt. Meine Frau studierte weiter, wollte Lehrerin werden.

Unser Glück war vollkommen, wenn man davon absieht, daß wir noch immer nicht miteinander geschlafen hatten. Gut, in der Hochzeitsnacht ist nichts gelaufen. Wir hatten viel gegessen, viel getrunken. Es war nicht so romantisch, wie man es sich vorstellt. Aber in der nächsten Nacht dachte ich, daß es ja wohl an der Zeit sei, ernstzumachen. Dann stellte sich heraus, daß sie eine totale Sperre hatte, totale Angst vor den Schmerzen, die der Geschlechtsverkehr ihr bereiten könnte. Ich hatte auch null Erfahrung auf diesem Gebiet.

Das hat sich dann etwa fünf Jahre hingezogen. Petting ja, Schmusen auch, Küssen gern, aber sowie ich einen weiteren Anlauf machte, war's aus. Auf unser Eheklima hat sich das aber ansonsten nicht weiter ausgewirkt. Ich bedauerte eher meine Frau als mich. Wie war ihr zu helfen? Was konnten wir tun? Sie war beim Frauenarzt, der gab den Rat: Ihr Mann muß Sie einfach mal vergewaltigen. In der Eheberatung empfahlen sie, das Jungfernhäutchen operativ entfernen zu lassen. Das hat sie gemacht. Damit war diese Angst weg. Aber ich hatte den Eindruck, sie läßt es eher über sich ergehen, als daß sie Spaß daran hat. Ich hatte nicht genug Gespür. Wir schliefen miteinander, weil sie Kinder haben wollte. Unter diesem Vorwand ging das für sie. Nein, übelgenommen habe ich ihr das nicht.

Fünf weitere Ehejahre blieb ich treu. Meine Frau wurde schwanger, verlor das Kind in einem relativ frühen

Stadium. Ich habe ihr keinerlei Vorwürfe gemacht, es tat mir leid. Bald war sie wieder schwanger, das Kind kam viel zu früh, es hat nur eine halbe Stunde gelebt. Das war total schlimm. Wir hatten uns beide so gefreut.

Dann kam eine erneute Schwangerschaft, und zehn Wochen vor dem Termin ging das Theater wieder los. Aber wir hatten dazugelernt, fuhren sofort in die Klinik, die Chance war fünfzig zu fünfzig. Ich erinnere mich noch ganz genau daran, was ich fühlte: Nur einmal noch das Kind lebend sehen.

Inzwischen ist das Kind achtzehn Jahre alt und alles ist gut.

Wir zogen um in das eigene Haus. Die Schwiegereltern wohnten mit uns im ersten Stock. Meine Frau arbeitete bald weiter als Lehrerin. Oma und Opa waren für die Kleine da, sehr liebevolle Großeltern, besonders der Großvater war ein richtiger Bilderbuch-Opa, der wunderschöne Geschichten erzählte, obwohl er vorher kein guter Vater war.

Bis Christine in mein Leben trat, war ich also absolut treu! Ich war entschlossen, etwas mit ihr zu beginnen. Sechs Wochen nach diesem Entschluß rief ich sie von unterwegs aus an und fragte sie, ob sie nicht Lust hätte, am nächsten Abend mit mir essen zu gehen. Für sie kam das ziemlich überraschend. »Ja gern«, war ihre Antwort – und das wiederum war für mich ziemlich überraschend.

Es war ein netter Abend, wir blieben weiterhin per Sie. Eine Woche später lud ich sie in die Oper ein, »Zauberflöte«, ich weiß noch genau das Datum ... Eine ganze Nacht lang habe ich für die Karten angestanden. Das war kein Problem, daß ich die Nacht nicht zu Hause war. Da ich viel auf Geschäftsreisen bin, ist es einfach für mich, etwas zu fingieren. Offiziell war ich eben noch verreist. Am nächsten Tag bin ich gleich ins Büro gegangen. Der Abend mit ihr in der Oper – ein tolles Gefühl, allein schon neben ihr zu sitzen. Nach der Vorstellung im Auto – ich war es leid mit der ewigen Siezerei – küßte ich sie richtig wild und lud sie anschließend zum Essen ins Hilton ein. Da hat mir schon im Kopf geschwebt, sie zu fragen, ob sie mit mir im Hotel bleibt.

Ich wagte es, und zu meiner großen Verwunderung sagte sie: Ja. Wir gingen zusammen ins Zimmer. Mein Ziel war wirklich nur ... also, das Mädchen hat eine Superfigur ... ich wollte diese Figur in Natur sehen. Mehr nicht. Und selbst, als sie so vor mir stand, habe ich noch keine Anstalten gemacht, mit ihr zu schlafen. Sie hat es mit mir gemacht. Ich war völlig weg. Das erste Mal »richtig«. Ich sagte ihr das auch: »Christine, ich finde dich super, aber ich werde meine Familie nicht verlassen können.« Es war mir ein Bedürfnis, das gleich am Anfang klarzustellen. Denn ich wußte, daß sie von zu Hause weg wollte. Ich sagte noch mal: »Du kannst viel von mir haben, fast alles. Aber ich werde nicht weggehen können von meiner Frau.« Es war mir sehr wichtig, keine Illusionen aufkommen zu lassen, weil ich Christine ernstnahm. Sie war von Anfang an für mich mehr als ein Objekt. Ich habe sie sehr gern gehabt. Habe sie auch heute noch sehr, sehr gern ... Eine Zeitlang konnte sie das akzeptieren.

Es war eine wilde Affäre. Wir trafen uns mal bei ihrer Schwester, die eine Art Liebesnest hatte, oder im Hotel. Nicht in Absteigen, sondern in Superhäusern. Sie kam mit Strapsen an, toller Unterwäsche. Es war für mich wirklich eine wunderbare Erfahrung.

Da mußte ich fast vierzig Jahre alt werden, um zu erleben, daß Sexualität mit einer Frau der totale Genuß sein kann.

Zu Hause war es doch mehr Quälerei. Das wußte ich jetzt. Christine hat richtig mitgemacht. Wenn ich sie berührte, merkte ich, wie es knisterte, wie elektrisiert. Nach zwei Monaten sagte sie plötzlich: »Ich möchte dieses Verhältnis beenden, nicht, weil ich dich nicht mehr mag ...« Und dann kam heraus, was ich von Anfang an wußte: Sie wollte weg von zu Hause, wollte nicht nur ausgeführt werden und meine Geliebte sein. Was ihr andererseits natürlich auch gefiel, woran sie sich aber nicht gewöhnen mochte. Deshalb sollte es aufhören.

Ich überlegte fieberhaft, wie ich sie halten könnte, stellte ihr dann etwas in Aussicht, sprach von einer Wohnung, die ich kaufen wollte und in die meine Frau nicht mit einziehen würde. Ich sprach nicht von Trennung, nicht von Scheidung, machte ihr aber doch in dieser Richtung den Mund wäßrig. Das war berechnend, aber nicht völlig frei erfunden. Ich habe die Wohnung dann doch nicht gekauft. Mit dieser Zukunftsperspektive aber hatte ich sie da, wohin ich sie haben wollte: daß es weitergeht mit uns. Ich wollte mit ihr nach Amerika, hatte beruflich dort zu tun, sie sollte nachkommen. Ich mußte sie regelrecht dazu überreden, meine Einladung anzunehmen.

Eigentlich bin ich immer großzügig, vielleicht zu sehr. Ich denke, wenn ich etwas tue, möchte ich es genießen, mit allem Luxus. In der Firma ließ sich das mit dem gemeinsamen Urlaub drehen. Vorher war sie offiziell vier Wochen in England bei einem Sprachkurs. Wir waren dort verabredet. Ich freute mich riesig auf das Wochenende in London, hatte Opernkarten für »Aida« bestellt.

Zwei Stunden vor meinem Abflug rief in ihrem Auftrag eine Freundin an und sagte mir, daß ich nicht kommen solle, daß Christine das Wochenende lieber mit jemand anderem verbringen möchte.

Dieser »Jemand« ist heute übrigens ihr Mann, Vater ihrer Kinder, den sie betrügt – mit mir.

Ich flog trotzdem. Sie holte mich ab, wie wir es ursprünglich vereinbart hatten. Sie wiederholte, daß sie mit einem anderen zusammen sein wollte, den sie gerade kennengelernt hat. Doch dann passierte etwas, was mich wunderte: Sie ist zwei Nächte zu mir ins Hotel gekommen, in das luxuriöse Zimmer, das ich für uns bestellt hatte. Aber wir schliefen nicht mehr miteinander.

Ich weiß nicht, warum sie so gehandelt hat. Sie hat es mir nicht erklärt. Ich war nicht böse, es war auch keine gereizte Stimmung zwischen uns. Es war schön, zusammen einzuschlafen, zusammen aufzuwachen und zu frühstücken. Ich hatte die Hoffnung, sie doch noch umzustimmen, doch sie hat Ernst gemacht. Ich konnte und wollte es nicht glauben. Da saßen wir auf der Couch in dem wunderschönen Raum, und das sollte das Ende sein? Ich wollte sie nicht verlieren, bat sie inständig, »laß uns Freunde bleiben«. Das akzeptierte sie und marschierte ab.

Die Amerikareise machte ich allein. Das war schlimm, ich dachte immer daran, wie schön es mit Christine gewesen wäre.

Ich kam eher als geplant zurück nach Hause. Es hat wochenlang gedauert, bis ich das alles verwunden hatte. Es war, als wäre jemand gestorben. Ich holte sie vom Flughafen ab. Christine blieb noch ein Jahr lang meine Sekretärin. Es hat mir gut getan, sie zu sehen, in ihrer Nähe zu sein. Ich habe immer noch gehofft, sie wieder rumzukriegen, war ziemlich wild darauf, mit ihr zu schlafen, sehnte mich danach, daß sich dabei alles löst. Aber dazu kam es nicht mehr, jedenfalls damals nicht. Sie ging noch mit mir aus, zum Essen, ins Theater, in die Oper. Ich durfte sie auch küssen, aber mehr nicht. Sie hatte auf die Ehe mit dem anderen gesetzt.

Meine Frau wußte nichts davon, weiß auch heute nichts. Sicher hat sie mitbekommen, daß es eine Sekretärin gibt, mit der ich öfter zusammen bin. Ich habe ihren Namen erwähnt und hin und wieder etwas erzählt. Aber keine Spur von Eifersucht, vielleicht hat meine Frau auch gedacht, »gut so«.

Christine zog nach Zürich, heiratete den Mann aus London, bekam das erste Kind, übrigens zeitgleich mit meinem zweiten.

Ich telefonierte regelmäßig mit ihr. Sie war immer noch in meinem Kopf. Das sagte ich ihr auch. Sie daraufhin: »Du machst es mir sehr schwer.« Ja, ich wollte es ihr nicht leichtmachen. Die Trennung von mir sollte ihr schwerfallen. Ich will mal sagen, das hat jahrelang weiter rumgespukt. Ich dachte, das kann nicht zu Ende sein. Christine ist meine ewige Geliebte, die in meinem ganzen Leben eine Rolle spielt. Dieses Spiel hat sie mitgemacht. Ich glaube, daß sie es auch mochte. Wir trafen uns mehrmals, obwohl ihr Mann den Kontakt mit mir verboten hatte. Einmal schickte ich ihr einen Strauß roter Rosen mit einem Flugschein 1. Klasse. Ihrem Mann kam das in die Finger. Zornbebend wollte er meiner Frau erzählen, was ich für einer bin, hat er aber nicht.

Ich will Christine einerseits nicht belästigen, sie nicht unter Druck setzen, andererseits tut es ihr gut. Ich falle sprachlich von der Vergangenheit in die Gegenwart, weil diese Geschichte bis in die Gegenwart reicht. Jedenfalls genießt sie es eher, und es tut ihr gut, verwöhnt zu werden.

Sie lebt ja in der Schweiz, und da ist es für Frauen besonders schwierig, abkömmlich zu sein. Die Männer tun alles dafür, damit die Frauen nicht aus dem Haus kommen. Sie ist abhängig von ihrem Mann, da sie nicht mehr arbeitet. Das tut mir richtig weh. Ich hatte mir gedacht: Wenn sie schon nicht bei mir bleibt, dann braucht sie einen Mann, der sie auf Händen trägt, total verwöhnt, einen wie mich. Sie ist eine Klassefrau, ein Goldstück, und wenn ich sie nicht behalten kann, soll es ihr wenigstens richtig gutgehen. Sie hat mir in den ersten Jahren jedenfalls wahnsinnig gefehlt.

Ich hatte mich schon umgeschaut nach einem Mädchen, mit dem ich das fortführen kann, war schon so weit, daß ich stark das Bedürfnis hatte, neben meiner Ehe eine Geliebte haben zu wollen. Dann kam die Nachtclubphase, das Bordell, der Puff. Das war ziemlich unbefriedigend. Im »Playboy« las ich dann über einen besonderen Club in

Hamburg. Dort war alles möglich, direkt am Tisch oder unterm Tisch. Das wollte ich nicht, wollte lieber ein Bett. Von abends bis morgens hat das dann tausendfünfhundert Mark gekostet. Aber es war ein schönes, erotisches Erlebnis. Ich hatte wirklich das Gefühl, daß es auch ihr gefallen hat.

Ist mir heute so, mache ich es mir selbst. Das ist befriedigender – und billiger. Bevor ich mich irgendwo abfertigen lassen, mache ich Selbst»bedienung«. Ich will keine Frau nur für eine Nacht, möchte schon, daß es mehr ist.

In der Ehe hatten wir weiterhin Geschlechtsverkehr, weil wir ja ein zweites Kind haben wollten. Aber ich sehnte mich nach einer Frau à la Christine – und traf Kerstin auf einem geschäftlichen Kongreß. Sie fiel mir gleich auf, eine kleine, putzige, witzige Person, ja, sie gefiel mir. Wir tranken etwas zusammen, ich schätzte sie wesentlich jünger ein, aber sie ist fast gleichaltrig. Ich gab ihr meine Telefonnummer. Nach einigen Wochen rief sie an. Sie war an den Themen interessiert, die mich auch interessieren, Energiefragen, chemische Prozesse. Wir waren japanisch essen, ich dachte, die hat ein ziemlich freches Mundwerk. Trotzdem war ich nicht eingeschnappt. Sie hat mich interessiert, nicht nur, weil sie über vieles Bescheid weiß, sondern auch, weil sie sexy ist.

Ich hatte in Wien etwas zu tun, fragte, ob sie nicht mitkommen wolle. Jetzt war ich schon darauf aus, mit ihr ins Bett zu gehen. Sie sagte tatsächlich ja. Ich scheue mich eigentlich ein bißchen davor, so direkt zu fragen, habe Angst, eine Abfuhr zu bekommen. Mutig geworden, fragte ich: »Willst du in einem Zimmer mit mir schlafen?« Sie sagte: »Nein.« Ich daraufhin: »Aber wir müssen doch nicht zusammen schlafen.« Sie: »Ja, warum sollen wir dann in einem Zimmer schlafen?« Ich nahm ihr das nicht übel, bestellte also zwei Einzelzimmer. Dachte auch nicht daran, daß sie auf meine Kosten nach Wien fliegt, im Superhotel schläft und nicht mit mir. Es war in jedem Fall angenehmer für mich, mit ihr zusammenzusein als allein rumzuhängen.

Zum nächsten Kongreß, in der Schweiz, lud ich sie wieder ein. Es ging um Themen, die uns beide interessieren. Technische Sicherheit, Restrisiko. Danach gingen wir schön essen und in die Oper. Alleinsein ist doch Quatsch. Alleinsein macht keinen Spaß. Da ich sie ja schon kannte, hatte ich für alle Fälle vorab zwei Einzelzimmer bestellt, sagte dann aber vor Ort: »Laß uns ein Doppelzimmer nehmen, das kostet weniger, warum sollen wir soviel Geld rausschmeißen, dafür können wir was Besseres machen.« Diesmal war ihr die Zimmerfrage völlig egal. Nach einem interessanten Tag, einem guten Abendessen, unternahm ich einen direkten Anlauf. Sie sagte nur, nein, ich habe keine Lust. Naja, da dachte ich dann doch schon mal, ganz schön viel Geld investiert, machte aber kein Theater. Am zweiten Abend, nach dem Essen in einem italienischen Restaurant, kam sie plötzlich darauf, daß sie einen Zehnjahrestag zu feiern hat. Ihre Stimmung besserte sich rapide und dann hat es gefunkt. Wir sind zusammen ins Bett gegangen. Es war mir klar, daß das nicht der Beginn einer richtigen Beziehung ist, die meine Ehe in Frage stellen könnte.

Wir beide haben die Gelegenheit genutzt – sie mit einem Mann, ich mit einer Frau. Ich habe den Eindruck, daß sie eine ziemlich lockere Einstellung zu den Dingen hat. Aber ich mag sie, wie sie ist. Doch ist sie nicht die Frau, mit der ich es auf Dauer aushalten würde.

Christine wär's gewesen. Warum habe ich es damals nicht getan?! Hätte ich mit meiner Frau kein Kind gehabt, vielleicht dann? Aber sicher bin ich mir selbst da nicht. Denn ich sehe die Ehe als Verpflichtung. Ich kann doch nicht leichtfertig meine Frau verlassen, nur weil mir eine andere besser gefällt. Erst recht nicht, wenn ich ein Kind habe – also, eine so tolle Frau kann gar nicht kommen. Es sei denn, meine Ehe ist so versaut, daß eine Trennung für das Kind besser wäre. Aber so ist es ja nicht. Es wäre ja nur meine persönliche Lustbefriedigung. Und dann treffe ich ein Jahr später wieder eine, die mir noch besser gefällt, wo soll das enden? Der Zug ist abgefahren, dann hätte ich nicht heiraten sollen. Aber einer Frau sagen, du bist mir nicht mehr gut genug, nein, so etwas kommt für mich nicht in Frage.

Wenn meine Frau einen anderen hätte, würde ich ihr gut zureden, bei mir zu bleiben, würde an die Verpflichtung unseren gemeinsamen Kindern gegenüber appellieren, denn für die Kinder wäre Scheidung ein schwerer Schlag. Für die Kleine ist es schon schrecklich, wenn sie hört, daß sich der Papa mit einer anderen Frau getroffen hat. Ich erzählte mal etwas von Kerstin, mußte es erzählen. Das war, nachdem wir zusammen in Athen waren, erst wieder auf einem Kongreß, dann am Strand, danach im Hotel. Meine Frau ist mir auf die Schliche gekommen, stellte mich zur Rede. In einem günstigen Moment – sie hat das eigentlich ganz schlau gemacht – schleuderte sie mir einen Stapel Bilder hin und fragte: »Wer ist das?« Ich bin relativ begabt, Ausreden zu erfinden. »Ja, das ist eine Kollegin, auf dem Kongreß war es ziemlich langweilig, also sind wir lieber baden gegangen und ins Hotel; ich dachte, wenn ich dir die Fotos zeige, geht die Fragerei los, bist du vielleicht sogar eifersüchtig, also habe ich sie lieber nicht gezeigt.« Damit bin ich bei der Wahrheit geblieben, habe nur Entscheidendes ausgespart. Ich weiß nicht, ob sie mir glaubt oder nicht. Jedenfalls hat sie diese Angelegenheit nicht dramatisiert. Ich glaube, meine Frau ist intelligent genug, nicht verrückt zu spielen oder eifersüchtig zu sein. Sie hat sich danach eher bemüht, für mich attraktiv zu sein. Das ist in meinen Augen doch sehr vernünftig.

Parallel mit Kerstin traf ich mich hin und wieder mit Christine. Einmal im Jahr vielleicht, aber höchstens ein unschuldiges Küßchen. Bis vor drei Jahren – da war es plötzlich wieder intensiv. Die Initiative ging von ihr aus. Ich hatte immer gehofft, daß es weitergehen kann, wenn ihre Kinder größer sind. Nun war es soweit.

Wir trafen uns in Luzern, gingen mittags zum Essen ins Hotel, es war total leidenschaftlich, wir waren wild aufeinander. Ich merkte schon, wie sie mich fester umarmte und dann küßte sie mich. Ich war selig.

Einen Monat später trafen wir uns wieder. Ich führte sie aus, richtig schnieke, ins feinste Lokal. Und wurde offensiv, sagte: »Ich möchte mit dir schlafen.« Sie: »Aber ja, das gehört doch dazu.« Sie wunderte sich, daß ich noch kein Hotelzimmer organisiert hatte. Darüber wiederum wunderte ich mich, denn ich hatte es deshalb nicht getan, weil sie nicht den Eindruck gewinnen sollte, der ist nur wild darauf, mit mir zu schlafen.

Übrigens: Ich gehe gern gut essen, das ist klar. Meine Frau lehnt das ab, hat keinen Genuß dabei, wenn sie sieht, was das kostet. Ich würde gern öfter mit meiner Frau essen gehen, aber es wäre natürlich weniger prickelnd als mit Christine. Oder Kerstin. Oder Laura! Davon später ...

Zurück zu meiner Frau. Einmal war es mit ihr genauso prickelnd. In der Vorweihnachtszeit hatte ich Karten für die Oper in Venedig besorgt. Samstagfrüh flogen wir hin, gingen nachmittags in die Oper, »La Traviata«, abends zum Essen, danach in ein schönes Hotel. Alles toll. Da haben wir leidenschaftlich miteinander geschlafen. Vorher sagte sie, »du spinnst ja komplett, ist doch alles viel zu teuer«, danach meinte sie nur noch, »ich will gar nicht mehr wissen, was das kostet«. Sie hat es genossen, das Schönste, was wir seit langem erlebt haben.

Zurück zu Christine nach Luzern. Nach dem Essen gab's im Auto eine heiße Küsserei. Ich berührte ihren Oberschenkel, sie hat sofort reagiert. Ich raus auf den Parkplatz, Liegesitze, und dann im Auto ... Auf die Idee bin ich gar nicht gekommen. Sie wollte das. Anschließend sagte sie, »und ich dachte, ich bin kalt«. Dann fragte ich sie, ob sie glücklich wäre, da liefen ihr die Tränen runter. Auf der Rückfahrt heulte ich auch. Vorher war Christine es gewohnt, aus eigener Kraft zu leben, ihr Leben selbst zu bestimmen, und jetzt mußte sie jahrelang dankbar sein. Vor unserer Liebesaffäre hatte sie bereits schlechte Erfahrungen mit Männern gemacht, Gewalt, Eheversprechen, eine geplatzte Bürgschaft. Ich war der erste faire Mann in ihrem Leben, nur, ich war leider nicht zu haben.

Jetzt dachte ich, du Idiot, läßt das Mädchen sitzen, sie nimmt einen Deppen, und der macht sie total unglücklich. Er hat sie behandelt, wie normale Ehemänner ihre Frauen behandeln: lieblos. Eine konventionelle Ehe. Ich dachte aber auch, sie ist zwar unglücklich, aber ich kann ihr Lichtblicke geben. Und wie gut, daß sie wieder mit mir schläft. Ja, darum ging es mir ja auch.

Beim nächsten Treffen machte ich den Fehler, sie gleich mit meinem Wunsch zu konfrontieren. Das hat sie massiv gestört. Ich hatte sie dann nach dem Frühstück auf mein Zimmer gelotst, sie wollte nicht. Natürlich war ich enttäuscht, aber ich akzeptierte es. Zum Abschied sagte sie: »Sage mir nie wieder schon am Bahnhof, daß du mit mir schlafen willst.« So ist das, da bin ich ehrlich, flunkere nicht rum, zumal die Frau gesagt hatte, das gehört doch dazu.

Bei der Heimfahrt dann hatte ich noch ein ganz anderes Gefühl, dachte, schau dir die an. Die weiß, was sie will und was nicht. Ist selbstbewußter geworden, obwohl es gegen mich geht, eine gute Entwicklung. Beim nächsten Telefonat schlug sie ein erneutes Treffen vor. Ich fieberte dem Tag entgegen. Alles war ausgemacht. Plötzlich ihre Absage. Es geht nicht, überhaupt nicht. Ich verstand gar nichts mehr. Wieder mal nicht. Später erklärte sie mir, daß sie es nicht verkraftet, weil es zu intensiv ist. Dann wieder die Frage, wann kannst du kommen?

Zwei Tage später war ich da. Wir küßten uns, ich hatte die Illusion, daß wir zusammen schlafen, doch sie fing zu reden an, gab mir Einblick in ihre Seele, wollte überhaupt keinen Menschen mehr um sich haben, wollte am liebsten ganz allein sein. Ich muß ihr helfen, wieder die Kurve zu kriegen, dachte ich. Dann ihre Aussage, daß sie mich eine Zeitlang nicht mehr sehen kann, weil sie zu sich selbst finden muß. Aber ich solle sie anrufen.

Das mache ich immer wieder. Und ich mache mir oft Gedanken darüber, ob es damals richtig war, so hart gesagt zu haben, daß ich nie meine Frau verlassen werde. Ich frage mich auch, ob ich überhaupt wieder etwas mit ihr hätte anfangen dürfen. Ich wollte ja nur, daß es mit uns weitergeht, kann sie aber nicht weglocken, ihr nicht die Ehe versprechen, kann ihr nur hin und wieder etwas bieten, einen Opernbesuch, gutes Essen, sie lieben – Dinge, die sie ja auch mag. Allerdings hat sie mir jetzt endgültig gesagt, daß sie nicht mehr mit mir schlafen wird. Ob sie das durchhält, weiß ich nicht, ich hoffe nicht.

Wenn ich mir meine Ehe anschaue, kann ich sagen, daß sie sich ziemlich positiv entwickelt hat. Es kommt schon mal vor, daß wir leidenschaftlich zusammen sind. Das liegt auch an mir. Ich bin ziemlich sicher, daß ich früher nicht das Gefühl hatte. Aber durch die Erfahrungen, die ich mit anderen Frauen sammeln durfte, weiß ich jetzt mehr, was Frauen wünschen. Ich muß ziemlich massiv an meine Frau eingehen, bis sie soweit ist. Aber dann merke ich, daß sie es auch genießen kann. Wer hätte das gedacht.

Nun zu Laura, ein Kapitel für sich und stärker als alles andere. Sie fing damals in der Firma etwa zur selben Zeit an wie Christine, blieb aber nur kurz, heiratete, bekam Kinder. Und kam wieder zurück in die Firma.

Sie ist zwanzig Jahre jünger als ich, gutaussehend, klasse Figur, schöne Haare, nett, intelligent. Das registrierte ich gleich, aber total abwegig, mir da etwas auszurechnen. Sie ist verheiratet, also kein Thema.

Seit fünf Jahren ist sie in meiner Nähe, seit Jahren gehen wir zusammen mit anderen Kollegen zum Essen in die Kantine. Sie ist sehr kontaktfreudig, nicht im negativen Sinn, ein Mensch, der sich um die Bedürfnisse anderer Leute kümmert. Zu meinem fünfzigsten Geburtstag schenkte sie mir CDs mit Trompetenkonzerten wie ich sie mag, darüber freute ich mich sehr.

Ich hatte sie schon einmal gefragt, ob sie mit mir essen gehen würde. Ich hatte Bammel, ja, mir war das fast ein bißchen peinlich. Ich wollte nicht, daß sie denkt, ich baggere sie an. Sie sagte zu. Ich hatte wohl einen mutigen Tag, denn ich sagte, wir haben uns wirklich lange genug gesiezt, laß uns anstoßen auf Du. Wir küßten uns auf den Mund, völlig spontan, ohne weitere Absicht. Zwei Wochen später trafen wir uns wieder beim Essen, und da fängt sie an, mit mir darüber zu diskutieren, ob es möglich sei, eine enge Beziehung zu haben, ohne miteinander zu schlafen. Ja, meiner Meinung nach geht das, und als wir rausgehen, umarmt sie mich und küßt mich ganz toll. Ich vermute mal, sie wollte eine enge Beziehung, aber sie wollte nicht mit mir ins Bett, vielleicht um ihrem Mann guten Gewissens Treue schwören zu können. Inzwischen haben wir oft über dieses Thema diskutiert.

Meine Beziehung zu ihr ist schon viel tiefer als die zu Christine, obwohl bis heute nichts zwischen uns war. Sie hat wenig Zeit, aber wenn es geht, führe ich sie zum Essen aus, ins feinste Lokal der Stadt. Ich fühle mich nicht ausgenutzt, im Gegenteil, ich bin froh, daß sie mitgeht und daß sie das auch genießt.

Wir waren gemeinsam in Berlin, »La Traviata« in der Staatsoper, wohnten im gleichen Hotel. Da nahm sie es als eine Art Vertrauensbruch, als ich sie fragte, ob wir nicht in einem Zimmer sein könnten. Sie pochte auf unsere Abmachung, kam aber doch mit in mein Zimmer, ein bißchen fummeln, aber dann hat sie rechtzeitig die Kurve gekriegt, wäre beinahe schwach geworden, wie sie mir später sagte.

Danach trafen wir uns in Köln, das ließ sich beruflich arrangieren. Die Atmosphäre war erotisch aufgeladen. Mit einer tollen Frau beim Essen zu sitzen mit der Hoffnung, hinterher mit ihr ins Bett zu gehen, ist ein starkes Gefühl.

Ich las übrigens ein interessantes Buch, den Titel weiß ich nicht mehr, dort ist die These der drei Hirne vertreten, das heißt von der Entwicklung des Menschen her gesehen, werden die beiden bekannten Hirnhälften ergänzt durch das sogenannte Krokodilshirn. Darin sind die sexuellen Bedürfnisse verankert. Mein Menschenhirn hat völlig akzeptiert und verinnerlicht, daß es mit Laura auch so schön ist, nur mein Krokodilshirn will das andere. Ich brachte sie auf das Zimmer und wieder war es kurz davor. Wir hatten uns voneinander losgerissen, sind nicht übereinander hergefallen.

Am nächsten Abend waren wir mit Kollegen zusammen, es war eine offizielle Geschäftsreise mit Vorträgen und Kursen. Abends stand noch ein blödes Musical auf dem Programm. Ich überzeugte Laura, mit mir aufs Zimmer zu kommen, um etwas mit mir zu trinken. Sie trug einen breiten Gürtel, der störte sie irgendwie. Sie gab ihn mir, und ich war völlig weg: Da sitzt sie nun in meinem Zimmer, lässig, lasziv, ich spüre ihre Nähe, ihre Wärme – und höre mich sagen: Ich möchte unbedingt deinen Busen sehen. Sie lacht. Doch zehn Sekunden später steht sie auf, ich hin zu ihr, sie faucht, »faß mich nicht an«, geht aus dem Zimmer ohne ein Wort, knallt die Tür zu.

Ich schrieb ihr in der Nacht noch einen langen Brief, bat um Verzeihung, erzählte von meinem Krokodil, das mir völlig den Verstand geraubt hat, und dann noch der Gürtel in meiner Hand. Ich bin heimgeflogen, sie flog weiter nach Berlin. Eigentlich war ausgemacht, daß ich mitfahre. Ich war so wild, wußte, wo sie zu erreichen war, rief an. Sie kam erst nachts nach Hause, sicher ein unschuldiges Wegbleiben. Sie sagte, daß sie mir nicht böse sei, daß sie einfach nur gehen mußte. Eine merkwürdige Beziehung, Anziehung und Ablehnung.

Ich denke zurück an unsere Reise nach Bregenz zu den Opernfestspielen. Sie steht auf Oper, meine Frau inzwischen übrigens auch, wir haben ein Opernabonnement. Dieser Abend in Bregenz ist mir sinnlich noch genau in Erinnerung. Dunkle Wolken ziehen auf, wir fahren mit dem Schiff, peitschender Regen, Gewitter, richtig abenteuerlich.

Das Gewitter zieht weiter, wir fahren durch die sternenklare Nacht – wie romantisch. Sie sitzt neben mir, zieht die Beine an, ich bin hingerissen. Dann wieder das gemeinsame Zimmer, das ewige Thema Sex, das heißt konkret – kein Sex. Wir sind uns einig, daß wir unsere Ehen nicht belasten wollen. Weder will sie verantworten, daß etwas bei mir kaputtgeht, noch will ich, daß bei ihr etwas zerbricht. Wir sind ja nicht unzufrieden mit unseren Partnern. Gut, sie lebt sexuell offenbar nicht im Notstand, ich schon eher.

Einmal trafen wir uns außerhalb der Firma bei einem Geburtstag. Ich war besessen von dem Wunsch, sie nach Hause zu bringen, sie meinte nur, »mußt du nicht, es fährt mich schon jemand anderes, das liegt auf dem Weg«. Schwupp, ist sie mit ihm um die Ecke verschwunden, und ich habe geheult wie ein Schloßhund, bin allein nach Hause gefahren. Da ich einen ziemlich starken Husten hatte, schlief ich in einem Extrazimmer. Platz ist da. Ich hätte an diesem Abend nicht neben meiner Frau liegen können, da fühlt man sich doppelt einsam. Ich schrieb noch in derselben Nacht an Laura, daß mir schon lange etwas nicht mehr so wehgetan hat.

Sie rief mich an, es tat ihr leid, nein, verletzen wollte sie mich nicht. Aber da ist ein Problem. Ihr Mann ist ziemlich eifersüchtig, macht ihr schwere Vorwürfe und will nicht glauben, daß wir nicht miteinander schlafen.

Ich erwiderte: »Ist dir eigentlich bewußt, daß das, was wir miteinander tun, viel schlimmer ist, ich meine, viel weiter geht?«

Ich habe sie oft provoziert, daß sie mich küßt, aber in letzter Zeit geht sie damit eher sparsam um, reduziert ihre Küsse, und wenn ich frage, warum, sagt sie: »Das mußt du verstehen, ich verkrafte das zur Zeit nicht.« Ich bin ein Mensch, der das, was in Aussicht steht, möglichst bald haben will.

Sie stellt mir jetzt in Aussicht, daß sie zu ihrem vierzigsten Geburtstag mit mir schlafen wird, also in sieben

Jahren. Ich habe zwar keine Torschlußpanik, aber andererseits nicht das Gefühl, alles noch jahrelang aufschieben zu können. Es ist aber so, daß sie die Vorfreude mehr genießt als die Sache an sich. Ja, ich verstehe das, wenn es angenehm und schön ist mit ihr, bin ich eigentlich schon zufrieden. Natürlich merkt sie, wie ich nach ihr fiebere, denn sie ist sensibel und gefühlsbetont. Daß ich mich beherrsche, schätzt sie. Es würde mich wirklich verletzen, wenn sie es ablehnen würde, sich von mir einladen zu lassen. Ich schenke auch gern.

Damals mit Christine im Auto … Ich war so glücklich, daß sie mit mir geschlafen hatte und kaufte ihr einen goldenen Armreif für zweitausendfünfhundert Mark. Den hat sie nicht genommen. Das verletzte mich tief. Ich verwahrte ihn zu Hause, meine Frau fand ihn, *nach* Weihnachten, fragte: »Wem gehört denn das, wem willst du das schenken?« Und wieder ist mir schnell etwas eingefallen: »Eigentlich war er für dich gedacht, aber dann sagtest du letztens, daß du dir nichts aus Gold machst, also habe ich es gelassen, ich werde ihn wohl umtauschen, es sei denn, du magst ihn doch.« Ja, sie mochte ihn. Und es schmerzt mich jedesmal, wenn ich ihn am Arm meiner Frau sehe und nicht bei Christine, der er zugedacht war.

Warum schenkt man überhaupt? Sicher ist eine Absicht dabei, man will das Klima verbessern. Aber Christine wollte ich von ganzem Herzen eine Freude machen und nicht ihre Gunst kaufen.

Meine Frau sieht vieles als Verschwendung. Wir machen wenig gemeinsam, sie findet immer Ausreden, nicht mitzugehen. Ein abgerundeter guter Abend mit ihr ist normalerweise nicht möglich. Venedig war die Ausnahme. Reisen verbindet uns. Das mag sie auch. Sie ist interessiert an Kultur wie ich. Übrigens, sie sieht gut aus, hat sich gut gehalten, wie man so sagt, schöne Haut, schöne Haare. Ich bin sicher, daß viele Männer in ihr eine attraktive Frau sehen, bestimmt auch eine erotische.

Apropos Erotik, da denke ich ans Skifahren zurück. Ich machte mich ein bißchen an meine Frau ran. Sie reagierte richtig schnippisch: »Du hast nun mal eine unerotische Frau geheiratet, Pech gehabt, aber es gibt ja so viele erotische Menschen um dich herum.« Das ärgerte mich ziemlich. Ich revanchierte mich am nächsten Morgen. Da war ich sauer, schweigsam, sagte nur: »Du hast nun mal einen ungesprächigen Mann geheiratet, Pech gehabt.«

Sie weiß, daß mit Laura irgend etwas ist. Anfangs habe ich von ihr erzählt, auch daß wir zusammen essen gehen. Aber jetzt halte ich mich zurück. Ich will nicht damit rumprotzen. Obwohl ich denke, daß meine Frau etwas vermutet. Im Bett hat sie mir schon mal gesagt, daß ihre Bedürfnisse nicht so sind wie meine. Und: »Du mußt dir dafür halt eine andere suchen.« Obwohl ich einerseits spüre, daß sie mich trotz allem gern hat, neige ich zur Schweigsamkeit.

Dabei muß ich an Kerstin denken. Ich habe gemerkt, wie sie sich in der Lust stark am Bettpfosten festgehalten hat. Das hat mich total angemacht, eine gefesselte Frau, das war meine Assoziation. Ich konnte mit ihr darüber sprechen. Wir probierten es. In der Phantasie ist das erregender als in der Realität, da ist das eher problematisch, für mich jedenfalls. Ich glaube, ich würde nie auf die Idee kommen, etwas gegen den Willen einer Frau zu tun, aber im Sinn von erotisch-sexuellen Spielen hat es schon einen starken Appeal, zu denken, die Frau gehört dir, ist dir ausgeliefert.

Natürlich hat meine Frau in dieser Richtung überhaupt keinen Nerv, aber nie würde ich sie deshalb verlassen, denn: Meine Frau ist meine Frau, nicht meine Sexmaschine. Allerdings ist Sexualität wichtiger Bestandteil der Ehe. Wenn sie meine Angebote ablehnt, ist das nicht richtig. Ich bin aber dafür, daß Vergewaltigung in der Ehe bestraft wird, doch anhaltende Verweigerung sollte ebenso bestraft werden.

Bei Laura sehe ich das natürlich anders: Ich bin nicht mit ihr verheiratet, ich genieße ihre Gegenwart. Es ist eine stark erotische Komponente. Daß sie nicht mit mir schläft, löst nicht etwa Verbitterung aus, sondern Hoffnung. Wenn ich spüre, wie sie selbst das Bedürfnis hat und sich bremsen muß, das ist ganz wunderbar für mich. Wenn ich merken würde, daß sie rein platonische Absichten hegt, würde mir das weniger gefallen, aber so kann ich prima damit leben. Auf diese Weise macht sie mich noch mehr wild auf sich. Jetzt ist mir bewußt geworden, daß das eine das andere bedingt. Wenn es die Tiefs nicht gäbe, gäbe es auch keine Höhepunkte, und die Sehnsucht ist ein starkes Gefühl. Ich finde es aufregend, daß ich mit über fünfzig Jahren von diesem Gefühl erfüllt bin.

Irgendwie werde ich aber aus den Frauen nicht klug. Kerstin zum Beispiel, mal sagt sie, was für ein blöder Hund ich bin und daß sie überhaupt keine Lust hat, und dann rutscht nur mal meine Hand rüber und schon geht's los. Als ich sie einmal fragte, was da los ist, sagte sie nur, na, du hast eben den richtigen Punkt erwischt.

Insgesamt bin ich mit meiner Situation ziemlich zufrieden. Ich habe meine Frau, ich habe Christine, hin und wieder Kerstin, und es gibt Laura. Das tut meiner Ehe gut, sehr gut sogar. Wenn ich diese Dinge nicht hätte, wäre ich frustriert.

Ich bin nicht untreu, ich fühle mich auch nicht so. Unter Treue verstehe ich, daß man die gemeinsame Basis des Zusammenlebens nicht verläßt, und das tue ich nicht. Bei den heutigen Lebensumständen würde ich es als unmenschlich betrachten, vierzig, fünfzig Jahre nichts anderes probieren zu dürfen. Wenn meine Frau etwas probieren will, bitte. Aber sie soll es für sich behalten. Ehrlichkeit dabei ist inhuman, ein bißchen Schwindel halte ich für vernünftig und menschlich.

5

»Bei jedem Kontakt mit einer Frau bin ich erst mal davon überzeugt, daß sie an sich etwas ganz Wunderbares ist. Und ich etwas ganz Kleines ...«

Eberhard W., 50 Jahre, Jurist, zweimal geschieden, eine Tochter

Acht Frauen hat er wirklich geliebt. »Und für die hätte ich selbst sterben wollen. Dann wurde eine abgelöst von der anderen, die ich genauso geliebt habe. Das Gefühl ist geblieben, nur die Adressatin hat gewechselt.« Mit wievielen Frauen geschlafen? »Bei dreihundert habe ich aufgehört zu zählen – ein Spruch, so dahin gesagt, aber wahrscheinlich. Im Leben eines Fünfzigjährigen wären das durchschnittlich zehn Frauen im Jahr, kein riesiger Verschleiß.«

Dunkle, gelockte Haare, tiefgründiger Blick, Neuneinhalbwochen-Bart, ein Mann in Nadelstreifen, der sich ein verwegenes Aussehen gibt. Typ des defensiven Draufgängers, mit breitem Ausdrucksspektrum, von Selbstironie bis Selbstmitleid.

Frauen sind anders als Männer. Sie brauchen vom Typus her eigentlich nur einen, mit dem sie die Aufzucht betreiben können. Ziemlich schnell stellen sie fest, ob einer dafür taugt oder ob doch etwas fehlt. Letztlich taugt er oft nur für die Verführung, für eine Nacht und nicht weiter, zum One-Night-Stand. Denn die Frau beherrscht, nicht der Mann. Das behaupte ich jetzt mal aus eigener Erfahrung. Ich spreche nicht von der unsicheren Frau. Die hat Angst davor, daß es danach aus ist. Ich spreche von der sicheren, erwachsenen Frau, die ist ganz anders.

Vom Mann her gibt es keinen One-Night-Stand. Er geht zwar immer erst mal davon aus, prescht von sich aus vor, um nicht von ihr vereinnahmt zu werden. Er will die Frau haben. Nicht mit der Verpflichtung, es noch einmal machen zu müssen, aber mit der Option, es weiter machen zu können. Wenn er merkt, daß keine Gefahr ist, kein Gatter aufgestellt wird, möchte er es immer wieder.

Wenn die Frau es für eine Nacht tut, tut sie es wirklich nur einmal. Eine Beziehung kommt dann für sie nicht in Frage. Das ist für dich gleichzeitig das Zeichen, daß du nicht mit ihr zusammenbleiben kannst. Für den Mann eine Katastrophe. Der Mann »verkauft« also den unechten One-Night-Stand, die Frau hat den echten. Sie tut es nicht, wenn sie es nicht will. Doch wenn sie es tut, tut sie es gern. Und diese Frau, die wär's eigentlich, die willst du behalten, aber sie dich nicht. Ein Paradoxon.

Sexualität ist doch nicht das Thema. Es ist die Angst des Mannes vor der Frau, vor der Weiblichkeit. Ernsthaft auf den Punkt gebracht: Die Frau an sich ist eine Gottheit. Die menschliche Ausfertigung, die ich treffe, reizt wiederum, aggressiv zu sein, ist eine totale Trennung zu dem religiösen Bezug. Die Unsicherheit Frauen gegenüber bewirkt, daß man sich chauvinistisch benimmt. Ein feiges Verhalten, unhöflich, uncharmant, ungalant und meiner Grundeinstellung zu Frauen widersprechend.

Die schönsten Werke, die schönsten Objekte sind aus der Gläubigkeit entstanden, sind Gottes- oder Frauendarstellungen. Das Frauliche und das Göttliche, das ist der Vorsprung, die Vorgabe, die man den Frauen einräumt. Ich achte sie. Wenn sie mit mir schlafen, empfinde ich das fast als ein Opfer, das sie darbringen – Opfer meine ich im Sinne von Hingabe. Ich denke nicht, daß sie es aus eigener Lust tun.

Bei jedem Kontakt zu einer Frau bin ich erst mal davon überzeugt, daß sie an sich etwas ganz Wunderbares ist. Und ich etwas ganz Kleines. Ganz gleich, ob ich das nun lesend erfahre, sehend im Kino oder direkt. Nur im Fernsehen nicht. Das Fernsehen zerstört natürliche Empfindungen.

Ein Unsicherheitsfaktor, mit dem keine(r) etwas anfangen kann. Da ist ein Mann, mit dem die Frau umgehen möchte. Und dann kommt eine Irritation, die sie nicht deuten kann.

Beziehung beruht darauf, daß der andere erkennbar ist. Ich höre immer wieder: Du bist nicht ernsthaft, du bist nicht erkennbar, du machst dich über mich lustig. Diese göttliche Vorgabe ist absolut nicht für das normale Leben gemacht. Deshalb meine vielen Beziehungen.

Mein Grundfehler geht weiter: Ich habe vor allen Menschen Respekt. Und da das niemand durchhält und es im Grunde auch keine Haltung ist, mache ich mich lustig darüber. Mit dem Erfolg, daß sich jeder verarscht fühlt und mir keiner glaubt, daß ich ihn wirklich mag.

Wenn du es umgekehrt machst, wenn du von vornherein alle Menschen verachtest, kannst du Leuten leicht erzählen, wie toll sie sind. Die Erfolgreichsten in dieser

Beziehung sind die Griechen. Sie hassen die Deutschen bis aufs Blut, verachten sie aus tiefstem Herzen und können ihnen deshalb offen ins Gesicht lachen und sagen, du bist mein Freund. Ihr Inneres bleibt unberührt. Umgekehrt bei mir. Ich kann keinen loben, weil ich ihn sowieso bewundere. Das käme mir vor, als gäbe ich auf den Zucker noch Zuckerguß. Diese Grundhaltung ist nicht gesellschaftsfähig. Man stößt mit ihr auf viel mehr Abwehr als mit der anderen Methode. Mit mir ist es vielleicht anfangs anregender, herausfordernder, aber nicht sehr lange. Es ermüdet, es irritiert. Erfolge habe ich nur aufgrund meiner Hartnäckigkeit.

Der Verführer ist Teil der Situation, nicht der Person.

Ich kann nur in Bildern sprechen. Ich denke, daß du eine Frau wählst, weil sie ein für dich interessantes Gebiet aufschließt. Deshalb sucht man ja immer die verrücktesten Partner. Jeder sagt zu dir: Das kann nicht gutgehen, aber man läßt sich nicht abbringen, weil man genau diesen Raum betreten will. Das ist das Entscheidende: Da ist jemand, der einen neuen Zugang zu einem bestimmten Leben hat. Das ist bei mir grundsätzlich der Fall, seit der Kindheit.

Es geht nicht so sehr darum, was die Frau denkt, die wir wählen. Sie ist der Souverän in ihrem Leben. Und wenn ihr Leben interessant ist, ist sie eine Partnerin für dich. Viele berühmte, intelligente Männer haben Frauen von der Straße als Lebenspartner gewählt. Oder Kriminelle den Salon. Es läßt sich nicht nach oben und unten definieren.

Ununterbrochen werden mir Räume und Zimmer geöffnet. Zum Beispiel während meiner Studienzeit. Da lernte ich die Tochter eines bekannten Richters kennen. Ich studierte Jura, das paßte sehr gut zusammen …

In dem Moment, wo ich einen Raum kenne, möchte ich den nächsten aufschließen. Treu sein im konventionellen Sinn kann ich mir nicht vorstellen. Aber das sagt man nicht gleich, wenn man eine Frau kennenlernt. Ich kann das gefunden haben, was ich wollte, kann total verliebt sein und dennoch … Eine Immunität gab es nur wenige Male im Leben für zwei, drei Monate. Da dachte ich, jetzt bin ich zu Hause. Da war ich des Lebens aber noch nicht sicher.

Ich habe eine gute Freundin über endlos lange Zeit, der ich treu bin. Es ist keine sexuelle Beziehung. Sie will das nicht, will etwas Besonderes sein und bleiben, das ist ihre Gegenwehr. Das ist mir recht, auch wenn es im Moment vielleicht frustriert. Ich würde auf gar keinen Fall wollen, daß sie sich aus einer Schwäche heraus mir hingibt.

Da drängt sich das Klischee von Mama und Hure auf. Ich halte das für falsch. Für mich heißen die beiden Möglichkeiten Sexualität und Nichtsexualität. In beiden Fällen kann es Liebe sein und großartige Freiheit. Das eine *oder* das andere – das eine *und* das andere, es ist egal. Die Weiblichkeit ist die Rettung, sexuell wie nichtsexuell.

In all meinen Beziehungen möchte ich natürlich keine Frau verletzen, und doch passiert es immer wieder, kann ich es nicht ausschließen. Aber früher oder später erleben sie ja selbst, daß es keine Zukunft hat. Ich bin unbeständig. Ich bin der Mann für den Moment.

Du kannst nur fliegen, wenn du springst. Ich hebe gern ab, mag nicht eingekauft, nicht vereinnahmt werden. Das Bild vom Boxen ist für mich eine Metapher für Beziehung, zwei gleich starke Gegner, die nicht klammern.

Ich heiratete mit dreißig eine Italienerin griechischer Abstammung, bildschön, Kunststudentin, eine tolle Frau, die erfolgreich werden würde. Sie verkörperte die Welt des Lichts, der Farben, der Kreativität, das Mediterrane – da pochte ein Leben an der Tür, da konnte ich nicht widerstehen. Am Anfang war alles ganz einfach, wir hatten ein intensives, lockeres Verhältnis. Es gab noch andere – uneingestandene, aber von ihr durchaus tolerierte – Beziehungen und ihre Freundinnen um mich herum. Drei Jahre nach der Hochzeit wurde unsere Tochter geboren. Äußerlich war's vollkommen bürgerlich, mit Wohnung, Hund, Vogel, Kind. Natürlich geht man erstmal davon aus, daß der eine den anderen nicht betrügt, daß man sich genug ist. Nach der Hochzeit hatte ich wirklich das Gefühl, sie wird mich nicht betrügen. Ich hatte weiter meine Verhältnisse, drei, vier Jahre lang, mit drei, vier ihrer Kolleginnen, aber diskret. Das rechnete ich immer meiner Schwäche zu.

Ich denke, man will immer betrügen. Auch wenn man sich wirklich liebt. Man bleibt doch beieinander, weil es schön ist miteinander, nicht weil man nichts anderes darf. Tief in sich trägt man eine Heimat, in der man schuldlos treu ist. Meine Frau war meiner Treue so sicher wie ich mir ihrer. Ich erwarte von ihr Treue, nicht aus moralischen Gründen, sondern weil ich ihr Mann bin.

Daß wir beide untreu waren, haben wir nicht überprüfen wollen. Wir gingen locker damit um. Selbst wenn wir uns im Bett erwischten – das mußte nicht bedeuten, mit dem anderen geschlafen zu haben. Wir waren ja so großartig. Ich glaube, daß alle Paare dasselbe Spiel spielen. Da man eigentlich dem anderen treu ist, kann man wunderbar untreu sein, zumal man sicher ist, daß der andere treu ist. Vor diesem Hintergrund kann man sich auch klarmachen, daß die eigene Treue nicht so wichtig ist. Doch als meine Untreue offenlag, durch eine sachliche Briefmitteilung, aus der ein gemeinsamer Hotelaufenthalt mit einer ihrer Freundinnen hervorging, mußte sie reagieren. Ich hatte ein Geheimnis mit ihrer Freundin. Das war ein Vertrauensbruch, das war der Betrug.

Ich erinnere mich noch gut daran, wie wir uns von unseren ganz großen Lieben erzählten. Das tut man ja, wenn man sich kennenlernt. Ich wußte also von ihrer großen Liebe zu einem französischen Maler, und der Typ kommt nun in die Stadt, will mich treffen, und ich weiß nicht warum. Dir fällt plötzlich auf: Die Frau strahlt so schön wie früher. Das kann nicht von dir kommen, du gibst zu wenig Licht. Sie ist also von jemand anderem beleuchtet. Sie spricht wieder von ihrer Liebe zu diesem Mann. Ich denke, wir sprechen über die Vergangenheit, aber es ist Gegenwart. Das hat sie mir dann gesagt. Und auch, daß er, nachdem er mich kennengelernt hatte, unsere Ehe nicht kaputtmachen wollte. Hätte er gewollt, wäre sie weg gewesen. Aber sie blieb. Das hat unsere Beziehung verstärkt. Ich hätte es damals nicht akzeptiert, wenn während dieser Liebe ein anderer dazwischengekommen wäre und mir einen Teil weggenommen hätte.

War ich eifersüchtig, getroffen? Eher war ich stolz darauf, daß sie so stark und klar ihre Bedürfnisse formulierte und sie auch lebte, trotz des bürgerlichen Status.

Eigentlich hatte meine Frau nie das Gefühl, daß ich es wäre, mit dem man alt werden müßte. Sie ist zweimal weggegangen von mir, um sich dem jeweiligen Mann, den sie mehr liebte als mich, anzuschließen. Sie kam wieder zurück.

Im nachhinein denke ich, es kann doch nicht die ernste Liebe gewesen sein, denn sonst hätte ich mit Eifersucht reagiert, ein Gefühl, das bei mir vorkommt, wenn mich eine Frau verletzt. Man liefert sich immer wieder aus, bietet die Kehle zum Biß und nutzt das eine aus, fühlt man sich gedemütigt, mehr ein Schamgefühl, daß man dich für einen Blödmann verkauft.

Das Ende unserer Ehe ging von ihr aus. Es war Sommer, meine Frau war mit unserer Tochter nach Griechenland gefahren, ich mußte noch arbeiten. Ich kam also nach, Mutter und Tochter waren nicht im Haus, auch nicht bei Freunden. Ich suchte sie auf der Insel. Da saßen sie, die Frau und die Tochter, beide bildschön, im Gegenlicht unter Bäumen vor dem glitzernden Meer. Und ein junger Mann daneben. Ich kam dazu, und dieser mir Unbekannte begrüßte mich: »Ja, ich bin es ...« Für ihn war es selbstverständlich, daß ich von seiner Existenz wußte. Ich wußte aber von nichts, fiel aus tausend Wolken. Meine Frau fühlte das Recht, ihr eigenes Leben zu leben, und muß das dem anderen auch so erzählt haben. Sie wollte ihn – nicht mich. Sie hat mich verlassen, nicht gern zwar, aber trotzdem.

Im letzten Sommer war er übrigens in meiner damaligen Situation. Heute habe ich sehr guten Kontakt zu meiner Frau, sie erzählt mir alles, auch daß sie sich in einen Bildhauer verliebt hatte, zu dem sie in die Toskana reisen wollte. Aber andererseits machte ihr der neue Lebenspartner die Hölle heiß, erpreßte sie, wenn du fährst, ist es aus. Das wollte sie nicht. Ich riet ihr, zu fahren. Sie fuhr, er reiste nach und kämpfte um sie, dachte gar nicht daran, sie zu verlassen.

Ich habe nicht um sie gekämpft, habe sie gelassen, war fassungslos und bin ausgezogen. Du siehst, daß dein Kind, mit dem du leben willst, nun mit einem anderen in der Wohnung lebt. Ich habe nächtelang heulend im Auto vor der Tür gesessen, habe auch im Auto geschlafen, um meiner Frau leid zu tun. Mir tat ich sowieso schon sehr leid. Dann wollte der andere von mir die Genehmigung, für die Erziehung meiner Tochter verantwortlich zu sein. Die bekam er natürlich nicht. Und seitdem ist er schlecht auf mich zu sprechen. Er ist ein völlig anderer Typ als ich, sehr starr, aber auch sehr nett. Alle mögen ihn mehr als mich, weil er ernsthaft und berechenbar ist, erkennbar.

Ich lebte meine vielen kleinen Beziehungen weiter, mit der Absicht, Menschen kennenzulernen, mit ihnen zusammen zu sein. Oft und dauernd, immer wieder. Es gibt wunderschöne Verführungsgeschichten. Ich verfolgte die Frauen monatelang mit meiner Liebe – eine auch drei Jahre, manchmal fünf gleichzeitig –, sandte Briefe und Blumen, zelebrierte förmlich die Liebe. Das macht Spaß, ist mehr als ein Spiel, das ist Verführung. In der Zeit der werbenden Prägung geht das hervorragend. Da bin ich überzeugt, daß sie die Richtige ist, aber auch davon, daß ich es nicht durchhalte. Ich kenne mich – ich bin halt nicht beständig. Du kannst nicht fünf Stunden schwimmen, wenn du nicht die richtigen Bewegungen machst. Ich bin nicht in der Lage, die richtigen Bewegungen zu machen.

Um im Bild zu bleiben: Ich brauchte nie die richtigen Bewegungen zu machen. Denn ich bin von drei Frauen erzogen worden, Großmutter, Tante und Mutter. Alles sehr starke, sehr edle Frauen. Die Mutter war unglaublich schön, ist es noch heute. Die drei Frauen waren austauschbar für mich. Wenn ich mit einer nicht zurechtkam, ging ich zur nächsten, so daß ich immer Bestätigung fand, ohne eine Einsicht haben zu müssen.

Es eskalierte, mein Leben mit den vielen Frauen. Ich wollte den Kampf, die Suche nicht mehr haben. Das war vor drei Jahren. Ich überlegte, daß das einzige, was mir in meinem Leben bisher versperrt war, die Bürgerlichkeit ist. Die habe ich immer gehaßt, diese satte, dumme Bürgerlichkeit. Irgendwie arbeitet das Gehirn weiter und fragt: Warum bist du so dagegen? Vielleicht ist da ein furchtbarer Neid, ein tiefer Wunsch nach Zugehörigkeit. Ich machte mich an eine Frau ran, zwölf Jahre jünger als ich, aus bürgerlichen Kreisen, und überzeugte sie davon, daß wir heiraten sollten.

Es gibt einen wunderschönen Satz von Sartre, der auf meine zweite Ehe zutrifft, der für mich die Grunderklärung des Normal-Männlichen ist. »Ich könnte nur eine Frau heiraten, die mich mit Abstand ertragen würde.« Diesen Satz läßt Sartre einen Herostraten (lt. Duden: Zerstörer, Verbrecher aus Ruhmsucht) sagen. Das ist der Schlußzustand zu Frauen, den du hast. Das bricht dir das Genick.

Ich wollte in eine fertige Schale rein, wollte mir das Haus von einer Schnecke klauen. Wollte, ganz schlicht gesagt, ein Zuhause. Mit einer Frau, die mir total fremd war und die ich mir mein Leben lang fremd halten konnte. Sie hat von verschiedenen Männern drei Kinder, hat Stil, verkehrt mit wohlhabenden Gattinnen in der feinen Gesellschaft, ist dort akzeptiert als eine Frau, die sich durchsetzt und selbst behauptet. Das imponierte mir. Und daß sie noch stundenweise jobbte, um Geld zu verdienen, überzeugte mich. Ich sah das alles positiv. Ich lernte sie über Freunde kennen. Sie hat sich anfangs überhaupt nicht für mich interessiert, was mir gefiel. Dann brauchte sie meine juristische Hilfe bei einem Kaufvertrag.

Da war ich verloren. Das wußte ich aber damals noch nicht. Ich sah darin meine Chance, biederte mich bei ihren Kindern an, war einfach da, das Bad in der Familie. Sie war nicht scharf auf mich, hatte aber ein Schlüsselwort: »Schnackseln«, sagte sie, »laß uns schnackseln.« Das heißt einfach vögeln. Sie wollte mit mir schnackseln, weiter nichts.

Das Wort hat mir gut gefallen, im Grunde entkleidet von dem Eigentlichen. Aber dann wollte sie es gar nicht so oft, wie ich es wollte. Darunter litt ich dann. Und schon hatte sie mich im Köcher. Ich fand sie nett, aber sie ist eine Nutte. Ich wollte sie kaufen. Je mehr Geld sie verlangte, desto lieber war mir das. Ich wußte selbst, ich kaufe sie. Sie hat auch kluge Sachen gesagt, ließ mich mit meinem linken Getue auflaufen. Eigentlich kümmerte mich das nicht, ich war im anderen Lager. Meine Familie war entsetzt, haßte sie. Meine Tochter fand sie nett. Auch ihr imponierte, daß sie allein ihre Kinder großzieht. Die Heirat fand sie eine gute Idee. Diese Frau würde genug mit ihren eigenen Kindern zu tun haben, war also nicht gefährlich, würde den Vater nicht stehlen.

Die Hochzeit war kurz nach Ostern. Meine Tochter war im Ferienlager und wurde krank. Ich holte sie in mein neues Zuhause. Die anderen Kinder rebellierten, wollten ihr kein Zimmer abtreten. Es fiel der Satz (für den sie sich nachher entschuldigt haben): »Die dumme Kuh soll abhauen.«

Da sind wir beide abgehauen. Und damit war die Ehe zu Ende. Drei Monate später waren wir geschieden. Wäre das mit der Tochter nicht gewesen, wäre ich heute noch dort.

Es wäre gut gegangen, da mir diese Frau immer fremd geblieben wäre, denn sie ist überhaupt nicht mein Typ, weder körperlich, seelisch noch geistig. Irgendwie eklig, eine frisierte, parfümierte Tante mit Seidentüchlein, Klamotten vom Feinsten, Krokotäschchen, Lackschuhen. Mit ihr hätte ich die bürgerliche Operationsbasis halten können, Haus im Villenviertel, mit Hund, Kindern, zwei Garagen, Keller, wie eine Festung nach außen hin. Mit dieser Frau in diesem Haus wäre für mich immer Freigang gewesen, und ich wäre immer wieder zurückgekehrt. Freiwillig.

Im nachhinein sehe ich diese Ehe als Berechnung – von ihrer Seite aus. Mit dem Kaufvertrag bin ich auf einen Trick reingefallen, der mich bis heute viel Geld kostet. Ich hätte es durchschauen können, machte aber gute Miene zum bösen Spiel. Weil ich es in dem Moment so wollte, eben weil alles von vornherein sowieso absurd war. Irgendwie denkt man, man kann sich alles erlauben, keiner kann einem was. Man hat keine Angst, und das ist das Glück. Die einzige Definition, die ich zulasse. Ängstlich und glücklich schließen einander aus, für mich ist Glück Angstfreiheit.

Seit der Scheidung wohne ich wieder allein. Mir fehlt keine Frau fürs Zusammenleben, das gemeinsame Aufstehen. Aufeinanderhängen würde mich wahnsinnig machen. Ich brauche eine Frau für mich, die Frau als Partnerin, fürs Leben, das wäre das tollste. Ich habe eine bestimmte Vorstellung, die meinem Frauen-Ideal entspräche: Romy Schneider in der erwachsenen Form, in der französischen Phase (wie in dem Film »Der Kommissar und das Mädchen«), eine Frau, die auf dich zugehen kann, fein, sensibel, zulassend. Aber den Glauben, daß ich diese Frau finde, habe ich verloren. Und wenn es sie gäbe – ich würde sie nicht erkennen, auch wenn sie mir begegnete.

Inzwischen gibt es etwas Neues in meinem Leben: Männerfreundschaften in der Nachbarschaft. Wir kochen zusammen, trinken, quatschen, boxen – ist ganz witzig. Jede

Verpflichtung ist mir inzwischen zuviel. Im Grunde möchte ich natürlich, daß es mit einer Frau klappt. Ich suche doch nicht die Flucht, aber es reicht nicht, mal ihr nicht, mal mir nicht. Die Ansprüche sind labil, und das zeigt sich sehr schnell schon nach ein, zwei Begegnungen. Es ist fast so, wie andere sich durchs Fernsehprogramm zappen. Wenn eine Szene nicht paßt, zapp, die nächste. Das Übersehen des Guten ist programmiert. Man wird intoleranter. Wenn eine Eigenschaft fehlt, läßt man es lieber gleich. Ich bin nicht unglücklich. Man kennt sich ja, hat sich in irgendeiner Form selbst entworfen.

Die Vernunft bestimmt alles, auch wenn man noch so emotional reagiert. Das Umschalten von Kopf auf Bauch gelingt selten. Meine Frauengeschichten sind immer wieder vom Kopf kontrolliert, es darf nichts gemacht werden, was nicht erklärbar ist. Ununterbrochen erkläre ich mir etwas. Vor lauter Erklärungsbedürfnis mache ich irrwitzige Sachen, um sie dann hinterher wieder erklären zu können. Ich empfinde meine Existenz aus diesen Gründen größtenteils als unwürdig.

In guten Stimmungen, wo du ein anderer warst, war viel möglich. Da konntest du das Gefängnis der eigenen Vorstellung, das du verstandesmäßig kontrollierst, verlassen. Im nachhinein wird mir von vielen Menschen, die ich liebe, gesagt: Der ist gar nicht so locker wie er tut. Aber da war ich wirklich ich und sehr locker. Das wird als Falschheit empfunden. Mein immer wiederkehrendes Problem: Ich bin für den anderen nicht erkennbar. Solange es Spaß macht, werde ich akzeptiert. Hinterher muß ich erklären – und werde erklärt. Warum will der immer jemand anderes sein? Diese Unterstellung trifft mich unglaublich. In diesem Gefängnis der eigenen Vorstellung geht's mir wie einem cleveren Gefangenen, der ständig ausbrechen will und unheimlich bewacht wird. Von sich selbst. Offenbar kann ich den Ausbruch nur im sexuellen Bereich schaffen, denn sonst könnte ich mir nicht erklären, was ich mit all den

Frauen tue. Die Sexualität ist der Türöffner, die Frauen bekommen den Schlüssel zu meinem Gefängnis. Doch statt mich zu befreien, werden sie zu Wärterinnen. Also müssen schnell Fluchtpläne geschmiedet, die Schlüssel gewechselt werden. Der Wechsel muß sein, wie käme ich sonst auf diese furchtbare Zahl von über dreihundert Frauen, mit denen ich geschlafen habe?

Es gab auch Zeiten des vollkommenen Freiheitsgefühls, in denen ich dachte, jetzt habe ich das Gefängnis für immer verlassen. Aber das ist die Ausnahme.

Das Entscheidende – und Konstante – in meinem Leben ist meine Tochter. Auf Fotos wird es deutlich: Mit Tochter bin ich ein glücklicher Mann, ohne sie ein trauriger. Dazu fällt mir ein Gedicht von Brecht ein: »Der, den ich liebe, hat mir gesagt, daß er mich braucht. Darum gebe ich auf mich acht, sehe auf meinen Weg und fürchte von jedem Regentropfen, daß er mich erschlagen könnte.«

6

»Kraft und Kreativität fließen in die Arbeit. Die Liebe ist und bleibt das Besondere, eine Festlichkeit. Wie andere Geburtstag haben, habe ich die Liebe.«

Rafael, 41 Jahre, gelernter Keramiker, arbeitet in verschiedenen Berufen, nicht verheiratet, keine Kinder

Sieben große Lieben gab es in seinem Leben. Und mit wievielen Frauen hat er geschlafen? »Zahlen sagen nichts. Was würde eine Zahl von 80 oder 100 reflektieren?«

Name verpflichtet. Rafael, ein gut und jung aussehender Mann von heiterer Anmut, sanft und sensibel, ausgleichend und gerecht.

Ich bin in einer anthroposophischen Welt großgeworden, noch krasser, in einer Welt des anthroposophischen Zwingliismus, Schule, Elternhaus, alles in dieser romantischen Esoterik. Das, was die Eltern lebten, war mir suspekt. Sie hatten eine strenge Vorstellung von Erziehung. Das hat sich dann sozusagen mit meinem Weltbild gekoppelt, diese Strenge, mit sechzehn kommt man da noch nicht aus. Ich habe alles übernommen, was gegeben war.

Mein Vater, ein Grafiker mit künstlerischem Einschlag, hatte einen neuen Lehrling, Manuel, mehrere Jahre älter als ich, ein Glücksfall für meine Entwicklung. Er kam aus der deutschen Hippie-Szene und trug viel von diesem Gedankengut hinein in meine enge Welt. Wenn die Eltern weg waren, schlief er bei uns und wir führten nächtelang Gespräche. Das war spannend und neu, die erste Begegnung, in der ich das anthroposophische Weltbild mit einem Schlupfloch weiterträumen konnte.

In dieser Zeit hatte ich noch keine Freundin, im Gegensatz zu dem Lehrling, der heiraten wollte und mir erklärte: Dann sind wir eins. Das erschien mir toll, aber ich wußte nicht, was das beinhaltet. Mit siebzehn Jahren bist du ja durch die Bilder von Ehe geprägt, die dir vorgegeben sind. Ich war nicht fähig, sie einzuordnen, aber ich mißtraute ihnen wohl. Die beiden sind übrigens zusammengeblieben, bis die Frau gestorben ist. Für mich hatte ihre Beziehung etwas Zwanghaftes, von Anfang an. Er kam aus einer Künstlerfamilie, in der alle völlig unstrukturiert gelebt haben, während seine Frau konventionellen Verhältnissen entstammte. Er ist da hineingegangen. Ich bin hinausgegangen aus meiner festen Struktur.

Das begann mit der Hochzeit des Lehrlings. Seine Mutter war in die Schweiz gereist. Was für eine Frau! Damals hatte ich große staunende Augen, stand vor ihr, eine Schauspielerin, gebildet und schön, eine begehrenswerte Frau. Ich war achtzehn, Xenia war fünfundvierzig. Sie nahm mich mit nach München. Da entstanden meine ersten Gedichte. Ich hatte dabei das Gefühl, daß etwas Unbekanntes aufbricht, eine Identitätsübereinstimmung zwischen dem, was ich tue, und dem, was mich ausmacht. Das hat sie befördert. Sie hat mich in ihr Herz geschlossen. Es war auch eine erotische Spannung zwischen uns.

Die zwei Monate bei dieser Frau waren eine eindeutige Weichenstellung. Was vorher in meinem Kopf festgefahren war, löste sich in philosophischen Gesprächen. Sie hat mir die Welt von Benn und Brecht gezeigt, zeitgenössische Literatur, Avantgardismus.

Mit diesem Paket ging ich in ein französisches Dorf, um ein Keramikerpraktikum zu machen. Der Ansatz war, einen Beruf zu finden, der das Künstlerische mit dem Geldverdienen verbindet, Gebrauchsgegenstände zu machen und eine künstlerische Form zu kreieren. Eigentlich wollte ich Maler werden, doch später dominierte das Schreiben. Schreibenderweise formte ich mich selber.

Auf dem Dorf gab es kürzere Verliebtheiten, die sich nicht leben ließen, da ich übersteigerte romantische Vorstellungen hatte. Ohne Bindung an konkrete Bilder, Hand in Hand am Strand, nur so baden in Empfindungen. Ich denke, die Mädchen konnten nicht viel damit anfangen. In diesem Dorf fand ich kein Mädchen auf meinem Level, und schon von daher waren die Liebschaften zum Scheitern verurteilt. Einziger Lichtblick war der Sohn eines Künstlers, Keramiker wie ich. Damals ging es ums sogenannte Blinddrehen. Man setzt sich an die Drehscheibe und zieht das Gefäß hoch, formt es rein aus dem Gefühl heraus. Das war ein spannendes Thema: Formen aus dem Gefühl heraus, was entsteht ohne Hinschauen?

Das läßt sich auf mein Gefühlsleben übertragen. Die Sehnsucht war immer da, genauso wie die Angst, die Angst vor dem Unbekannten. Und Frauen sind etwas Unbekanntes. Das beginnt schon beim Ansprechen, die Angst vor Ablehnung. Ich hatte weder Erfahrungen noch Vorstellungen von Beziehungen, nur Empfindungen. Vielleicht wie in der Dichtung des Jacques Prévert (der auch das Drehbuch für »Kinder des Olymp« schrieb), der ruhelose Träumer, der Suchende. Es war ein großes Chaos in mir. Ich hätte nicht sagen können, was ich suche.

Eines dieser Mädchen nahm ich mit in mein Elternhaus nach Zürich. Dort traf ich einen Mentor, Pianist und Poet, der mich ebenfalls geprägt hatte und mir jedesmal ein weiteres Stück die Augen öffnete. In der Konfrontation mit anderen Inhalten fühlte ich die Kluft zwischen dem Mädchen und meinem Mentor, Welten brachen auseinander. Das war nicht tragisch, die große Liebe war noch kein Sehnsuchtsbild für mich, ich war nur neugierig. Neugierig auf Sexualität. Das ist aufregend genug, für den männlichen Partner wahrscheinlich mehr als für den weiblichen.

Ich bin Einzelkind, das ist vielleicht wichtig. Insofern hatte ich nicht das Gefühl, daß etwas fehlt, wenn ich allein bin, ohne Freundin. Es fehlte niemand, den ich als notwendig erachtete, um komplett zu sein. Das ist bis heute so geblieben.

Die Vorstellung von einer gemeinsamen Wohnung, einer Lebensteilung war – und ist – nicht da. Sehnsucht nach dem anderen Geschlecht? Ja, auf jeden Fall. Da ich sehr introvertiert war, war auch das nicht so wichtig. Ich wollte irgend etwas herausfinden, fragte mich, ob das Parzival-Syndrom auf mich zutrifft, bin aber zu keiner befriedigenden Antwort gelangt.

Parzival, der Knabe, den seine Mutter nicht hinauslassen wollte in die Welt und die ihm, als sie ihn nicht mehr einsperren konnte, Kleider nähte, die ihn draußen lächerlich machten. Niemand wollte mit ihm kämpfen, niemand achtete ihn, niemand kümmerte sich um ihn. Alles von der Mutter mit dem Hintergedanken eingefädelt, daß der Sohn wieder zurückkehren würde, der Mythos schlechthin.

Ich bin nicht zurückgekehrt, sondern habe teilgenommen an dem Dorfleben in Frankreich, ging mit den Jungs in den Ballsaal, trank mit ihnen Bier, küßte die Mädchen, schlief auch hin und wieder mit ihnen, aber das hat mich alles nicht berührt. Mein Bewußtsein arbeitete auf einer anderen Ebene.

Ich ging nach Deutschland und schloß meine Ausbildung ab. Dort traf ich interessante Menschen.

Die ersten Jahre meines Erwachsenenlebens war ich wohl eher mit meiner Selbstfindung beschäftigt als mit Frauen. Ich wollte keine Form übernehmen, sondern so lange suchen, bis sich Formen ergeben, die wirklich die Reflektionen eines inneren Gefühls sind. Ich experimentierte viel. Wenn ich mich verliebte, war das platzeinnehmend. Die Enttäuschung kam aus der Realität. Der Bruch kam über eine dritte Ecke, nicht aus uns heraus. Es ist mehrmals passiert, daß jemand anderes kam und mir das Mädchen ausspannte. Ich ließ mir Zeit für das Wachsen meiner Empfindungen. Ich prägte dafür den Begriff »Kreativität des Schmachtens«. So ging es mir, einerseits schmachtend und dadurch in wahnsinnigen Aufruhr gebracht, andererseits mich nicht mit dem konkreten Problem auseinandersetzend, sondern auf die künstlerische Ebene rüberhüpfend.

Als ich zwanzig Jahre alt war, gab es eine extreme Verliebtheit, eine Frau, die gleichzeitig einen anderen liebte. Da konnte ich wunderbar schmachten. Marianne hat mich nicht abgewiesen, sondern eine Zeitlang sozusagen beides gelebt. Ich fühlte mich wie zwischen zwei Mühlsteinen. Das war scheußlich. Ich wußte nicht, wie ich da rauskomme. Sie konnte das wunderbar. Das war Anfang der siebziger Jahre, die Zeit der freien Liebe. Sie war eine emanzipierte Frau, die sich nahm, was sie wollte. Ein Schlüsselerlebnis waren Fotos, die sie von mir gemacht hatte. Da bildete sich ein lachender Mensch ab, mein subjektives Gefühl aber war nur Schmerz und Weh. Das Bild war mir so fremd, daß es wie ein Schock auf mich wirkte. Schock darüber, daß ich anders ausschaue als ich fühle. Ich hätte nicht darüber sprechen können. Die Angst vor der Offenlegung meiner Gefühle wäre zu groß gewesen. Für sie war ich ein freudestrahlender, glücklicher Mensch, ein Wonneproppen. Über die Fotos wurde mir meine Zerrissenheit klar.

Die erste Liebe war also eine sehr komplizierte. Die Frau hat sich dann von mir verabschiedet. Ich war natürlich unglücklich, aber doch irgendwie befreit. Der Schmerz war trotzdem da, denn die Erklärung erspart den Schmerz nicht.

Dann kam auch für mich die Zeit der freien Liebe in dieser oder jener Wohngemeinschaft. Man redete, diskutierte, einer nahm die Gitarre zur Hand, ein paar Lieder von Bob Dylan, Leonard Cohen, und da immer zu wenig Betten da waren, fragte man: Kann ich bei dir auf der Decke liegen? Das war keine Verführung, das war eine Zusammenlegung. Nachts kam dann eine Hand herüber, ein Körper. Am nächsten Morgen wachte man zusammen auf, trank Tee oder Kaffee zusammen, frühstückte und ging wieder seiner Wege. Es waren Kumpel mit unterschiedlichen sexuellen Voraussetzungen. So haben wir es auch gelebt. Da war kein Rätsel, kein Mysterium, kein Anspruch von beiden Seiten und erst recht keine Erwartungshaltung. Ich bin achtzehnmal umgezogen, lebte in Wohngemeinschaften auf dem Land und in der Stadt. Das war damals nichts Besonderes. Manchmal hatte ich überhaupt keinen Wohnsitz, meine Sachen waren untergestellt, und auch ich schlüpfte irgendwo unter, schlief mal da, mal dort, mal mit dieser, mal mit jener. Das war keine Frage. Man hat es genossen, es war nett. Da das die allgemeine Zeitstimmung war, gab es auch keinen Anlaß, darüber zu reflektieren. Der Sponti-Spruch von damals kennzeichnet die Situation: »Wer zweimal mit derselben pennt, gehört schon zum Establishment.« Die Zweierbeziehung war ebenfalls kein Thema. Da ich sie sowieso niemals glorifiziert hatte, war dieses Leben auch keine Entzauberung. Die Empfindungen in dieser Zeit waren nicht so wichtig, ich war Teil eines Kollektivs.

Mein melancholischer Blick auf die Menschheit und auf das, was ich erlebte, war trotzdem da. Auch das Suchen, das Ausprobieren neuer Formen. Ich schrieb Kurzgedichte, ein bißchen nach der japanischen Art, ein Versmaß, in dem man ein großes Bild auf ein Minimum zusammenzieht. Ein Beispiel:

Am Meer
In weichen Drehungen
strecken sich die langen Glätten ihrer Beine,
schlummernd
schmiegt ein Arm sich über ihre weiße Brust
und Locken schweigen
die auf ihren Schultern spielen,
einsame Buchten
– niemand strandet.

Es folgten Beziehungen, die inspirierend waren, mich nicht schmachten ließen. Ich glaube, durch die freie Liebe bin ich selbstsicherer geworden. Mein seelischer Abstand zur Realität hat sich verringert. Dadurch waren Beziehungen eher lebbar. Zum Beispiel mit Angela. Ich kam in mein Café um die Ecke, sie stand am Tresen, lächelte mich an, ich lächelte sie an. Wir gingen aufeinander zu und küßten uns. Kein Wort. Die Worte kamen erst danach. Ich war sechsundzwanzig, sie sechsunddreißig, eine freiberufliche Fotoreporterin, die ebenfalls aus einem anthroposophischen Elternhaus kam. Was ich mit meinen Gedichten versuchte, wollte sie mit ihren Fotos erreichen: Das Vereinfachen und das Verdichten. Damals beispielsweise porträtierte sie Max Grundig mit dem ersten Radio. Hinterher ärgerte sie sich, daß sie ihm dieses Gerät nicht wie ein Baby in den Arm gelegt hatte, daß ihr diese Bildverdichtung nicht eingefallen war.

Neben der sexuellen Ebene war es diese künstlerische, die mich inspiriert hat. Unsere Beziehung war sehr gut. Jeder lebte in seiner Wohnung, nicht weit voneinander entfernt. Ich war mehr bei ihr, schon wegen ihrer Kinder, die abends ins Bett gebracht werden mußten. Ich war gern da, mochte die Kinder. Der Wunsch nach eigenen aber hat sich mir nicht aufgedrängt, bis jetzt nicht. Die Trennung war vorprogrammiert, weil sie sich in einer anderen Stadt um eine Professur beworben hatte. Wir waren nur ein halbes Jahr zusammen, verloren aber nie den Kontakt. Wenn wir uns heute sehen, ist die alte Vertrautheit da und eine neue Spannung. Ich bin interessiert zu hören, wie ihr Leben verläuft, beruflich, privat, mit welchem Mann sie lebt, wen sie liebt.

Als sie ging, war das nicht schmerzlich. Da die Kräfte auch immer ins Künstlerische gehen können, steht die Liebe nicht als so großes Monument da, das Heil bringen könnte. Das impliziert man ja oft. Ich sehe es eher so, daß mit einer großen Liebe die großen Konflikte beginnen. Je mehr man einen Menschen liebt, desto größer ist der Konflikt mit der Seite, die man die Schattenseite nennen könnte. Das ist so mein Gefühl.

Nach 1981 hat sich die Stimmung schlagartig verändert. Der Rückzug ins Private begann, der Auszug aus den Wohngemeinschaften, das Resignieren darüber, daß die Idee von Gemeinsamkeit und Gleichberechtigung nicht funktioniert. Die meisten haben Karriere gemacht, Familien gegründet, ich nicht. Ich glaube nicht, daß der Rückzug ins Privatleben, wie er jetzt noch immer stattfindet, das Ende der Entwicklung ausdrückt. Ich glaube vielmehr, daß neue Strömungen kommen und mit ihnen neue freie Modelle, die ich auch noch nicht kenne.

Letztens überlegte ich mir, daß mein Blickwinkel ein anderer ist als der der Frauen, die ich liebe. Der Unterschied ist: Meine Sache ist Offenheit, Empfindung und Begeisterung = Strukturzerstörung – Umwälzung. Die Sache der Frauen ist Verdichtung von Emotionalität = Strukturbildung, das heißt Pläne schmieden für die Zukunft, sich gegenseitig den Eltern vorstellen, Verwandte besuchen, Sparverträge abschließen. Aus meiner Sicht führt die reine Emotionalität zur Sippenbildung. Ich möchte diesen Weg nicht unbesehen einschlagen und nachmachen, denn da sehe ich Abnutzungserscheinungen und Frustrationen. Der Alltag ist eh schon Abnutzer Nummer eins für einen selbst. Deshalb möchte ich den Alltag nicht mit einer Liebe leben. Heute nicht mehr. Ich glaube, anfangs war ich noch nicht so fest von Bildern geprägt, wie es zu sein hat. Ich war auch offen für die Möglichkeit des Zusammenlebens nach konventionellen Mustern. Hätte es da gefunkt, hätte ich gesagt, es ist genausogut wie das andere. Mein Leben hat sich aufgrund von Erfahrung entwickelt und nicht aus der Theorie.

Natürlich werfen mir die Frauen Angst vor Nähe vor. Aber es ist Angst vor Vereinnahmung durch die Struktur. Die Struktur ist das Korsett, außerhalb dieser Struktur kann nur schwer etwas gelebt werden. Davor möchte ich nicht die Waffen strecken, sondern taste mich weiter vor. Ich habe nichts Eigenes, es ist eher ein Nichtwissen. Das Ganze ist so komplex, es gibt so viele Sehnsüchte, Wünsche … Es gibt immer wieder Zeiten mit einer Frau über Jahre. Meine jetzige Beziehung zum Beispiel existiert seit sieben Jahren. Wir wohnen getrennt, eigentlich strukturlos, aber nicht unverbindlich. Nach mehr als fünfzehn Jahren Wohngemeinschaftsleben, mit Musik, Türenknallen, Gesprächen, brauche ich Ruhe und Alleinsein. Wenn man schreiben will, bringt jede Störung einen Menschen wie mich, der sich schnell ablenken läßt, aus dem Konzept. Die Romantik lebe ich auch, aber Romantik und Alltag schließen einander aus. Wenn ich versuche, ein Bein da und das andere dort zu halten, darf ich mich nicht bewegen, sonst falle ich in den Spalt. Ich versuche ein bißchen das Unlebbare zu leben.

Meine Freundin sehe ich etwa zweimal in der Woche. Dann haben wir uns auch viel zu erzählen. Wir stehen sonst nicht in Verbindung, nicht täglich. Wenn Sabine kommt, gibt es ein gemeinsames Abendessen. Ich koche gern, das hat immer einen Aspekt von Feierlichkeit. Da sie in einer Wohngemeinschaft lebt, findet das gemeinsame Leben bei mir statt. Mir geht es gut in diesem systemlosen System, bei ihr sehe ich Ermüdungserscheinungen. Ich glaube, sie wird früher oder später abspringen und sich einen Mann suchen, der das mit ihr lebt, was gesellschaftlich akzeptiert ist. Es ist ein vages Gefühl, daß sie mein Modell zwar mitlebt, aber nicht verinnerlicht hat. Sie sieht zwar, wie alle heiraten und verspießern, sich abnutzen, das will sie nicht. Ich denke aber, im Urgrund möchte sie es doch, natürlich nicht verspießern, das möchte ja wohl niemand, der heiratet. Ich verurteile nicht die Ehe, das Zusammenleben, aber ich glaube nicht, wie schon gesagt, daß damit das Heil verbunden ist. Der Heilsgedanke der Kirche ist sehr an die Zweierbeziehung gebunden. Und die Minnesänger mit ihrem übersteigerten Frauenbild – der Mann steht unten mit der Gitarre und singt die Geliebte an – haben zu einer Verschärfung des Heilsbildes geführt: die Frau als Erfüllerin der männlichen Sehnsucht, die Frau madonnengleich. Im Weltbild der Anthroposophen, das ich als irrationalen Romantizismus bezeichne, gleich hinter Caspar David Friedrich, ist die Ehe das Zentrum. Gott und Göttin treffen sich und vermehren sich, sie projizieren sich gegenseitig in die Höhe. Für mich ist die Frau kein göttlicher Heilsbringer, so wie ich es auch nicht bin. Wenn ich spüre, daß mich die Partnerin auf ein Podest zu heben versucht, säge ich sämtliche Beine ab. Im Emporheben sehe ich keinen Heilsweg.

Da ich keine Vorstellung habe, die sich erfüllen müßte, ist vieles möglich. Ich bin nicht ängstlich. Ich kenne die

Resignation derer, die versuchen, hinter die Strukturen zu steigen, sie aufzulösen. Nicht aus der Hippie-Ecke, sondern eher aus der psychologischen. Ich habe es miterlebt, in einem wunderschönen Haus in Siena. Drei Wochen war ich mit einem Paar zusammen, ein Psycho-Urlaub mit Hochstreß, Weinausbrüchen, Liebesanfällen auf allen Ebenen. Die zerfleischten sich von morgens bis abends, unterm Strich ist nichts dabei herausgekommen. Nach der Zerfleischung trennten sie sich und gaben mir die Schuld, weil ich der Vermittelnde, der Schlichtende war. Wie eine Sucht war das, es kam mir vor wie die künstliche Inszenierung eines Dramas ohne Veränderungen.

In den sieben Jahren mit meiner Freundin Sabine gab es Untreuen aus der Situation heraus. Wir sprechen darüber, aber nach gebührlichem Abstand. Es kommt rituell vielleicht alle Vierteljahre in einer kuscheligen Situation die Frage von ihr oder von mir: Bist du mal in der letzten Zeit fremdgegangen? Wenn es da etwas zu offenbaren gibt, tun wir es. Ich bin nicht eifersüchtig, sie ist nicht eifersüchtig auf kurze Affären, eher auf frühere Freundinnen, fragt, warum mußt du mit ihr telefonieren? Warum mußt du sie sehen? Ich verstehe das, da sie nicht den bürgerlichen Rückhalt des strukturierten Zusammenlebens hat.

Sehr viel Energie fließt in meine beruflichen Dinge. Ich denke, meine Identifikation läuft eher über den Beruf als über die Beziehung. Es geht mir um die Realisierung von fremdartigen Welten, um Eigenartigkeiten, das sage ich jetzt als Filmschaffender, die Vielfalt, das Absurde. Ich möchte eigene Welten entwerfen. Dazu las ich einen wunderbaren Satz über das Schreiben, über die Formen: »Das Land ist unbetreten und erlischt hinter meinem Schritt.« Die Verwehungen verschiedener Schicksale, sich überkreuzende Lebenswege – das fasziniert mich.

In den üblichen Strukturen könnte ich nicht schreiben, nicht atmen. Ich habe durchaus versucht, mit einer Frau zusammenzuleben. Ein halbes Jahr mit Fabienne, aber das geht nicht. Auch wenn sie nicht da war. Ich hatte das Gefühl, einen Splitter im Fleisch zu haben.

Schon in gemeinsamen Ferienaufenthalten stoße ich an meine Grenzen. Die Schwierigkeiten beginnen, wenn ich jemanden in der Küche klappern höre. Diese Geräusche sind wie die ersten Signale: Jetzt wirst du bemuttert. Da sträuben sich sämtliche Nackenhaare. Ich empfinde mich in dieser Beziehung als ein kritischer Geist, der versucht, wenn es anfängt zu klumpen, die ganze Soße sofort mit dem Gasbrenner zu erhitzen, damit es sich wieder löst und glatt wird. Daraus folgt kein Modell, kein Angebot, aber ich bemühe mich um andere Sichtweisen, nicht um ein Dogma daraus zu machen, sondern eher ein Staunen zu erwecken.

Wäre ich bei meinem Beruf als Keramiker geblieben, wäre ich wahrscheinlich den normalen Weg gegangen, wie meine Eltern, mit allen Resignationen. So habe ich das immer bei ihnen gesehen, und das tut irgendwie weh. Trotzdem wäre ich mit ein paar anderen Weichenstellungen dort gelandet. Ich weiß nicht, ob es die Lenkung meines Unbewußten war, die das nicht zugelassen hat. Das sind die großen Rätsel, mit denen ich nicht weiterkomme.

So wie es ist, kann ich mich leben. Kraft und Kreativität fließen in die Arbeit, die Liebe ist und bleibt das Besondere, eine Festlichkeit. Wie andere Geburtstag haben, habe ich die Liebe. Eigentlich immer mit selbstbewußten Frauen, mit denen auch intensive geistige Auseinandersetzung stattfindet. Das ist Teil der Erotik, spannendes Gegenüber. Wenn sich eine Frau anpaßt an das, was ich sage, interessiert sie mich nicht, weil ich vielleicht fürchte, daß sie feste Strukturen will. Das Ende von Beziehungen ging meist von den Frauen aus. Ich habe das jeweils kommen sehen.

Die Begegnung mit der Frau als Festlichkeit – das hat ja auch etwas von einem Happening. Wenn ich ein schönes Essen zubereite, einen guten Fisch, ein Stück Fleisch, dann kann auch passieren, daß das Essen stehenbleibt, daß sie mit einer ganz anderen Idee kommt. Oder sie ruft an, daß sie später kommt. Das macht nichts. Ich koche immer so, daß es auf eine halbe Stunde oder Stunde nicht ankommt, damit gar keine schlechte Laune entstehen kann. Denn schlechte Laune ist ein Panzer gegen Veränderung. Auch dem mißtraue ich.

Gegenwärtig versuche ich, mich schreibend auszudrücken, zur Zeit in einem Drehbuch, das auf einer wahren Begebenheit basiert. Es ist die Geschichte eines Mannes, der einundzwanzig Jahre auf einem Dachboden zubrachte. Und immer, wenn der Ehemann unten im Haus zur Arbeit ging, kam er zu der Frau, um mit ihr ein zweites Eheleben zu praktizieren. Nach einundzwanzig Jahren ist der Ehemann ermordet aufgefunden worden, ein ungeklärter Kriminalfall in Los Angeles 1922. Den Mann auf dem Dachboden hatte man nicht entdeckt, jedenfalls nicht zum Zeitpunkt des Mordes und auch während der Untersuchung nicht.
Ursprünglich war das nicht mein Thema, sondern das eines Freundes, aber jetzt ist es zu meinem geworden. Diesem Mann auf dem Dachboden gab ich die Identität eines Wissenschaftlers, der einen Gestirnsimulator entwickelt, der Anfang und Ende des Universums zeigt. Das ist Freiheit auf engstem Raum, die größte Spanne, die überhaupt denkbar ist. Am Tag die Ehe, nachts die Forschung. Die Veränderung der Außenwelt, die Realität sieht er nur im Ausschnitt durch sein Dachfenster im Format der Kinoleinwand. Beide Leben des Mannes sind ungefähr gleichwertig. Da immer ein moralisierender Aspekt vom Publikum verlangt wird, bin ich gezwungen, dem Universum den Vorrang zu geben. Der Film endet also im Universum, der Mann nimmt die Frau an der Hand dorthin mit, in eine neue Welt. Eine Ursehnsucht, von der schon Lot und seine Frau, als sie Sodom und Gomorrha verließen, geträumt haben, eine

Vision, von der wir alle träumen: das Bekannte hinter sich lassen, aufbrechen in Welten, wo es hinzugehen lohnt.

Ich denke, wir entwickeln uns dahin, manchmal im Krebsschritt, einen vorwärts, zwei rückwärts, manchmal im Schneckentempo. Die Welt wird komplexer, das heißt differenzierter, und die Menschen werden es ebenfalls. Dadurch entsteht der Anspruch des eigenen, nicht des kollektiven Lebens.

Meine Freundin liest, was ich schreibe. Wir sprechen darüber, es ist anregend. Aber sie nimmt nicht teil daran, ist nicht aktiv, eher korrektiv. Ich habe ein großes Umfeld von Menschen, die meine Texte lesen, gegenlesen, ich bin regelrecht darauf angewiesen … Die Frau in meinem Leben hat einen besonderen Stellenwert, gerade, weil ich sie nicht zur Komplettierung meiner eigenen Person brauche, weil ich unabhängig bin. Wenn sie aus meinem Leben ginge, wäre das schmerzvoll, aber nicht zerstörend.

Meine Mutter würde mich gerne fragen, wie es mir geht in dieser Beziehung. Sie versucht, über Umwege etwas zu erfahren. Sie würde sich natürlich freuen, wenn sie mich aufgehoben wüßte in einer Ehe. Ich spüre die starke Sehnsucht meiner Mutter nach einer Schwiegertochter, mit der man alles besprechen kann von Frau zu Frau. So wie ich lebe, bin ich ein potentielles Opfer für alle Phantasien, die sie sich im schlimmsten ausmalt.

Ich spiele mit offenen Karten. Das heißt aber nicht, daß ich von Anfang an die Karten so auf den Tisch lege. Ich bin doch auch Romantiker, und in der romantischen Ecke ist wieder alles möglich. Ich lasse es sich entwickeln, aber natürlich mit einem wahnsinnig sensiblen Vorwarnsystem. Nimmt es eine andere Richtung, dann ist das erst mal gut.

Das Gefühl der Eifersucht ist mir fremd. Eifersucht heißt ja auch, ich habe das Recht an der Frau. Also muß ich nur den anderen aus dem Feld schlagen, und dann bin ich wieder dort, wo ich war. Ich respektiere die Gefühle der

Frau, auch wenn sie sich gegen mich richten, mich schmerzen. Wenn jemand anderes erscheint, ziehe ich mich zurück. Ich kann es mit meinem Wollen doch nicht ändern.

Die Geschichte einer Kinderliebe mag ein Schlüssel dafür sein. Das erste Mädchen, der erste Kuß, ich war zwölf. Und dann stand plötzlich ein anderer Junge im Garten, der aus dem Notizbuch des Mädchens meine Adresse rausriß und sie mir wortlos übergab.

Ein älterer Freund nahm mich mit zum Angeln, gab mir Ratschläge, wie ich den anderen zur Seite räumen, das Mädchen zurückerobern kann. Das war jenseits meiner Vorstellung. Ich hatte das Gefühl der Unabänderlichkeit, denn das Mädchen hat daneben gestanden, es kann ja nicht gegen seinen Willen passiert sein. So empfand ich das damals, und so empfinde ich es bis heute.

Ich brauche die Frau(en), um das Leben zu lieben, nicht um es zu teilen. Dahin habe ich mich in den letzten zwanzig Jahren entwickelt. Vielleicht bin ich ja in zehn oder zwanzig Jahren ganz einsam, aber aus meiner momentanen Position heraus ist eine Ehe in weiter Ferne. Der Deutung, daß ich nur so denke, weil mir bisher noch nicht die Richtige begegnet ist, mißtraue ich. Das hieße ja, daß ich bisher immer die Falschen gehabt hätte. Wir sind so komplex in unserer seelischen Struktur, daß jeder richtig und falsch zugleich ist. Wenn eine Beziehung zu Ende geht, habe ich nicht das Gefühl des Scheiterns und des Verlusts. Mir ist nichts versagt geblieben, denn es gab ja ein gemeinsames Leben mit einer Fülle von Aspekten.

7

»Die Frauen sehen mich nicht, sondern machen sich ihr eigenes Bild von mir. Und werden aggressiv, weil ich dem nicht entspreche.«

Günter P., 47 Jahre, Kaufmann, nach siebzehnjähriger Ehe geschieden, drei Kinder

Wieviele Frauen geliebt? Drei. Mit wievielen geschlafen? »Weiß ich wirklich nicht, ist mir auch vollkommen wurscht, fünfzig wäre stark übertrieben, sagen wir zwanzig, natürlich ohne diese One-Night-Geschichten.«

Kein zerfurchter Denker, sondern ein heiterer, mehr Abenteurer denn Geschäftsmann. Juvenil, Typ großer Junge, flinke Augen, spitze Zunge, wäre gern Schauspieler geworden.

Die Frau an sich ist für mich nicht das Objekt der Begierde. Als etwas Allgemeines kann ich Frauen nicht lieben, gerade weil ich mich immer um die einzelne Frau bemühe. Ich bin bereit zu geben, mich zu kümmern, auf ihre Probleme einzusteigen, zu verstehen. Und werde selbst nicht gesehen. So empfinde ich das jedenfalls.

Zu Frauen hatte ich immer ein gespaltenes Verhältnis. Wenn ich eine Frau kennenlerne, ist sie damit aus der weiblichen Anonymität heraus und ist für mich erstmal ein Mensch, der mich interessiert. Damit kommen sämtliche Probleme, Lüste, auf eine ganz andere Art und Weise auf. Ich suche also immer zuerst den ganzen Menschen in der Frau, die Partnerin, den mir entsprechenden Part, mit dem ich umgehen kann und den ich dann begehre. Wichtig ist für mich das Gleichgewicht zwischen Geben und Nehmen. Ich möchte ganze Sachen machen.

In der Jugendzeit war das anders. Da wünschte ich mir Freundinnen als Statussymbol, als Selbstbestätigung, aber ich hatte wenig Chancen, jedenfalls nicht bei den von mir begehrten Sexy-Frauen. Die waren vielleicht auch erkennbar dumm, und die wollten eben Arschlöcher mit einem Porsche. Die intellektuellen Frauen mochten mich, erkannten mich, liebten mich. Aber die erschienen mir nicht begehrenswert. Die anderen waren für mich die Klassefrauen.

Heute kriege ich jede, die mich interessiert, früher oder später übers Gespräch. Damals nicht. Die Sehnsucht, die ich hatte, wurde nicht erfüllt. Und die anderen Sehnsüchte, die sich an meine Person knüpften, wollte ich nicht erfüllen. Ich hatte keinen übertriebenen Sexualtrieb. Außerdem hatten die Intellektuellen viele Männererfahrungen. Ich lag mit ihnen im Bett, streichelte, kitzelte, massierte sie, aber es gab Sperren bei mir. Eine Frau, die mit vielen Männern schlief, war für mich tabu. Dafür war ich mir zu schade.

Das hat sich inzwischen vollkommen geändert, das ist der Witz. Damals war das eine pubertäre Geschichte, bis ich etwa zweiundzwanzig war. Später erfuhr ich von Frauen, wie sehr sie mich gewollt haben, ich merkte es damals nicht.

Bis fünfundzwanzig war ich ein Abenteurer, was die äußeren Lebensumstände betrifft, war beruflich viel unterwegs, hatte keine Wohnung, lebte in Hotels oder bei Freunden. Ab und zu hatte ich auch ein gemietetes Zimmer, ab und zu eine Liason mit Arbeitskolleginnen. Die Zeiten waren nicht leicht für mich, vollkommen ungebunden, vollkommen frei, aber es war o. k. Dann kam eine Nette. Es stellte sich heraus, daß meine Ansprüche im Grunde genommen sehr hoch waren, es immer noch sind. Ich will nichts Bürgerliches. Vom Bürgerlichen, das ich als verlogen verachte, hatte ich mich schon früh abgekehrt. Deshalb fühlte ich mich bei den intellektuellen Frauen so wohl, denen konnte ich auch sagen, daß ich nicht mit ihnen schlafen will. Die haben mich akzeptiert, wie ich war. Geschlafen haben sie mit anderen, unsere Ebene war eine eigene.

Jedenfalls war mir vieles zu spießig. Deshalb habe ich auch die »Nette« mit einem Kind von mir sitzen lassen. Sie war mir nicht bohemienhaft genug. Sie sprach von einer Hochzeitskutsche und von einem weißen Kleid, kleinbürgerlich.

Danach bin ich eine normale Ehe eingegangen. Immerhin war das fünfzehn Jahre lang eine sehr gutgehende Sache. Meine Frau verkörperte das, was ich mir gewünscht hatte: Sie ist eine intellektuelle Frau und eine Klassefrau. Die ersten zehn Jahre gab es nichts anderes. Ja, ich schlief vielleicht mal mit der einen oder anderen Frau. Aber diese One-Night-Dinger zählen nicht, können ja nichts zählen. Im großen und ganzen war ich recht glücklich die ganze

Zeit. Ich sah auch immer den Menschen in meiner Frau, bin erst abgedriftet, als ich mich nicht mehr gesehen fühlte. Ich möchte sehen – und selbst gesehen werden. Wir haben uns entzweit über die Kindererziehung, ganz eindeutig. Ich fühlte mich überhaupt nicht mehr wahrgenommen. Die Kinder waren das A und O. Ich ging mit den Kindern schlecht um, hieß es, im Gegensatz zu den Freunden, die es gut machten. Es gab Reibereien, die ich nicht verstand.

Durch Zufall entwickelte sich parallel eine Liebschaft. Das war der Kick, die Camouflage, verrückt, ein jugendliches Spionspiel mit allem Drum und Dran, Versteck und Abenteuer, und das über Jahre. Im Grunde bin ich ein Abenteurer. Sie ist fünfzehn Jahre jünger als ich.

Wenn wir ein gutes Gespräch gehabt hätten, ich meine jetzt, ich und meine Frau, und wenn wir uns beide bemüht hätten, wären wir wahrscheinlich nicht auseinandergegangen. Ich wollte mich nicht trennen, meine Familie nicht verlassen. Für mich war die Ehe *und* die Liebschaft lebbar.

Dann verliebte sich meine Frau. Sie hatte sich wohl vernachlässigt gefühlt und gespürt, daß es etwas anderes gab. Ich redete ihr fast gut zu, ihren Gefühlen nachzugeben. Sie tat es. Ich war vom Zügel, das heißt, ich war befreit, dachte: toll, eine offene Ehe, ein Experiment, so Jules-und-Jim-mäßig (»Jules und Jim«, der Film von Truffaut über eine Ehe zu dritt). Aber ich merkte bald, daß das nicht ging. Es war ja nur *mein* Wunsch, nicht der meiner Frau. Wir hatten einen Status, der für sie nicht lebbar war. Schade, denn die andere war die ideale Geliebte, meine Frau die ideale Ehefrau.

Anfangs war es einfach, meine Frau ging weg und ich konnte meine Zeit besser einteilen. Wenn sie in der Schlafens- und Nachtzeit anderweitig gebunden war, konnte ich mich mehr um meine Geliebte kümmern. Von da an ging's bergab. Die Sache wurde schwierig, da ich merkte, daß mich mit der Geliebten eigentlich keine intellektuelle Gemeinsamkeit verbindet. Nun hatte ich das, was ich früher begehrte und was unerreichbarer Traum war. Die attraktive Klassefrau, die mir aber geistig nicht gewachsen war, wo es Auseinandersetzungen gab, die unbeschreiblich sind.

Als ich verheiratet war, war alles klar. Doch jetzt wollte sie nicht mehr als Geliebte, sondern als ständige Freundin agieren. Mit der Trennung von meiner Frau fing die Trennung von der Geliebten an, die vier Jahre dauerte.

Ich war traurig, daß meine Frau es nicht geschafft hatte, zu mir zurückzufinden. Daß wir beide nicht fähig waren, etwas Neues aus unserer Ehe zu machen. Ich sprach mit meiner Frau, in die ich nicht mehr verliebt war, weil die Geliebte meine ganze Liebe besetzte, über die Möglichkeiten des Zusammenbleibens. Meine Frau sagte mir, daß sie sich überhaupt nicht mehr, auch nicht in der Zukunft, vorstellen könnte, mit mir ins Bett zu gehen. Das war das Ende. Dann benutzte ich sie als Mutter, heulte mich bei ihr über die Unmöglichkeit meiner Liebe aus. Sie gab mir Ratschläge, hatte sich schlau gemacht. Die Trennung war Anstoß, sich mit sich, mit ihrer Beziehung zu mir, mit meinem Charakter zu beschäftigen. Und aus dem, was sie erarbeitet hatte, was mit vielen Tränen bezahlt war, zog ich meinen kleinen Nutzen. Sie konnte Sachverhalte aufzeigen, konnte mir erklären, wie lange man etwas aushalten kann. Sie bekam bald mit, daß ich von meiner Geliebten für alles Mögliche und Unmögliche bestraft wurde, geschmäht. Die Geliebte als die Rächerin – meine Frau durchschaute das sofort, gab mir Hilfestellung, weil sie sah, daß bei mir die Schmerzgrenze erreicht war. Ich hatte wirklich in erhöhtem Maße Magenschmerzen, hatte körperlich ganz schlimme Geschichten, trennte mich ein paar Mal. Das ging nicht. Es war wirklich die große Leidenschaft, sexuelle Hörigkeit, und die große Liebe.

Aber was ist Liebe? Ein Hin-Wollen und Nicht-Können. Die Geliebte hat gesagt: Du bist meine Sucht. Das sagt sie heute noch. Sie ist nicht süchtig nach Alkohol oder

Drogen, sondern nach mir. Ich glaube, ich müßte ein Foto von ihr essen (wie im Doris-Dörrie-Film »Keiner liebt mich«), um das zu beenden. Sie ist wahrscheinlich ganz arm dran mit dieser Sucht.

Ich hatte auch andere Frauen, mit denen ich wegging. Und wenn ich aus Versehen mit denen auch einmal schlief, sagte ich es ihr ehrlicherweise. Das hatten wir vereinbart, ich meine Ehrlichkeit. Das war neben der Leidenschaft das einzige, was wir hatten. Fatal war das. Ich habe die Ehrlichkeit überzogen, wollte ihr klarmachen, daß das mit den anderen Frauen nichts bedeutet. Worauf sie sagte, so etwas dürfe ich ihr nie wieder erzählen. Das war für sie der Anlaß, unsere ganze Geschichte, unsere Liebe, unsere Leidenschaft als verlogen hinzustellen, natürlich von meiner Seite aus.

Ich möchte ja treu sein, möchte nicht gerne Frauen haben, sondern eine Frau, um die ich mich kümmere. Ich wollte mich um die Geliebte kümmern, aber das ging nicht. Die war tief enttäuscht von mir. Das zeigte sich in den kleinsten Kleinigkeiten. Sie hatte überhaupt kein Vertrauen mehr, was sie nicht müde wurde, immer wieder zu beteuern. Die ständigen Vorwürfe machten mich rasend, ihre Eifersucht hielt mich in Atem. Wenn ich mit Freunden oder Freundinnen zum Essen ging, ist sie ums Lokal geschlichen, stritt das natürlich ab. Aber ich spürte es, sah ihren Schatten. Sie versuchte, mich zu beobachten und zu überwachen.

Das ist ein trauriges Kapitel. Wir konnten uns scheinbar keine Nähe geben, aber wir konnten noch weniger fern voneinander existieren. Wir versuchten es immer wieder, aber eine richtig nahe Beziehung war nicht lebbar, für uns beide nicht. Der Alltag funktionierte überhaupt nicht, im Urlaub war es nur mit Einschränkungen schön. Die Eifersucht war so groß, daß sie gegen alles und jedes vorging, was mich von ihr abziehen könnte.

Das hat mit ihrer eigenen Geschichte zu tun. Wir sind alle mehr oder weniger behindert durch unsere Biografien.

Ich erkannte die Zusammenhänge, die sie so haben werden lassen. Aber meine »Überlegenheit« nützte gar nichts, es ist uns nicht gelungen, irgendwie zusammenzukommen. Ich meine, es ist mir nicht gelungen, meinen Charakter so zu offenbaren, daß sie etwas damit anfangen konnte. Es kam keine enge oder intime Kommunikation zustande, nur Kampf. Das war hochdramatisch, trivial. Sie verhielt sich wie im Groschenroman, »Pulp Fiction« (Schund), irgendwie eine intellektuelle Beleidigung für mich.

Aus der Not heraus machte ich ihr sogar einen Heiratsantrag, damit sie sieht, daß ich es ernst meine. Natürlich ist mir das Papier vollkommen egal. Aber wenn sie meint, an mir zu zweifeln, wenn es des Beweises bedarf, dann heiraten wir eben. Ich dachte, wenn die Frau wieder Vertrauen zu mir hat, ist alles in Ordnung.

Wir liebten uns schon sehr …

Nichts war in Ordnung, erst recht nicht, wenn sie ein Glas Wein zu viel trank. Dann verlor sie die Selbstkontrolle, wurde ausfallend und grenzenlos eifersüchtig. Sie beschimpfte mich, »du bist verlogen!« oder »du bist ein alter Mann«, gerade so, wie sie es brauchte, total schwachsinnig. Und alles wurde widerrufen. Nein, eine Ehrenfrau war sie nicht. Diesen Begriff gibt es sowieso nicht, nur »Ehrenmann«. Es sind Männer, die zu dem stehen, was sie sagen und tun. Vielleicht gibt es diese Ehre nicht bei Frauen.

Ich nahm meine Geliebte mit auf eine Geschäftsreise nach Asien. Ich hatte zwar Bedenken, aber ich wollte sie bei mir haben. Nach der Ankunft im Hotel wollten wir einen Kollegen treffen, um etwas trinken zu gehen, die Meile abzuklappern, in einem unbekannten Land. Sie wollte nicht mit. Ich versuchte, sie umzustimmen. Sie versuchte, mich umzustimmen, hatte eine Flasche Champagner aufs Zimmer bestellt und dachte, mich den ganzen Abend und die Nacht nur für sich zu haben. Sie hat nicht erwartet, daß ich fortgehe. Als ich zurückkam, war es spät und die Betten auseinandergeschoben. Auf meinem Bett lag ein Zettel:

»Günter, du mußt dich in deinem Leben entscheiden können.« Ich dachte, das kann ja wohl nicht wahr sein! Wenn ich darüber nachdenke, hatte ich mich eigentlich deshalb auf alles eingelassen, weil ich nur so den Abstand kriegen konnte. Ich meine damit: Unsere Liebe ist eine Krankheit, die nur durch Nähe zu heilen ist.

Wenn dich eine Frau so irre liebt, willst du dich doch selbst zeigen. Und wenn dir das gar nicht gelingt, mußt du dich zurückziehen, um zu überleben. Ich mußte das tun aus der Erkenntnis heraus, daß wir nur als Mann und Frau – nicht als Menschen – miteinander umgehen können. Ich dachte immer, ich muß es hinbiegen, noch mal versuchen, sagte beispielsweise: Machen wir einen Schlußstrich, fangen wir noch mal neu an. Sie konterte: »Schlußstriche gibt es nicht, dann werden die Erfahrungen zum Fenster hinausgeworfen.« Ein neuer Anfang heißt verzeihen und nicht vergessen. Nicht einmal das war ihr klarzumachen. Intellektuell sprachen wir eine völlig andere Sprache.

Ich berücksichtigte die Biografie, um zu verstehen, wobei es mir ziemlich egal ist, woraus etwas resultiert. Ich schrieb ihr einen langen Brief und riet, professionelle Hilfe in Anspruch zu nehmen. Das empfand sie als die größte Frechheit, die ihr je im Leben passiert ist. Wie gesagt, es ist mir egal, woraus etwas resultiert, aber andererseits ist es ganz gut, wenn man mehr darüber weiß, um leichter sagen zu können: Die Frau kann nicht anders. Ich bin der Meinung, kein Mensch ist von Haus aus so böse, daß er nur schädigen will. Er übt vielleicht eine Rache aus, steht in Zwängen, die die Steuerung übernehmen.

Jedenfalls war ich mit dieser Frau drei Jahre während meiner Ehe heimlich zusammen und weitere vier Jahre der Lösung bis hin zur Trennung.

Klar, Gegensätze ziehen sich an. Wenn eine starke Persönlichkeit mit mir zusammenlebt, rutscht ein Teil von mir zu ihr rüber und ein Teil von ihr zu mir. So ist die Natur. Ich bin ein Anhänger der Multikausalität. Ich glaube, wir sind als Volk ziemlich degeneriert. Der Selbstverwirklichungs- und der Glücksanspruch, den wir haben … – ich habe ihn auch und setze ihn egoistisch durch, soweit ich kann. Aber ich will ihn *mit* jemandem durchsetzen, nicht allein, und erst recht nicht *gegen* jemanden. Deshalb bin ich auch relativ treu, wenn ich mit jemandem zusammen bin. Ich versuche es immer wieder, aber eine Großstadt ist ja kein Kloster.

Neulich sah ich einen Film, ein Satz ist hängengeblieben: »Schlaf mit ihr, je eher, desto besser.« Das ist gar nicht so schlecht, da ist etwas dran. Wenn ich mit einer Frau richtig reden will, muß ich mit ihr geschlafen haben. Um sie näher kennenzulernen, muß diese Balzgeschichte weg sein.

Ich kenne viele Frauen, lerne immer wieder neue kennen, und so konnte ich mich schließlich von der Geliebten trennen. Äußerlich ist mir das ganz gut gelungen, mit Hilfe einer neuen Freundin. Mit ihr konnte ich über alles sprechen, und sie wiederum konnte ebensogut mit mir über ihre noch nicht abgeschlossene Beziehung reden. Es war ein Austauschen. Aber wir merkten beide, daß wir unsere anderen Geschichten noch in uns tragen. Sie kam schwerer davon weg als ich. Irgendwie bildeten wir eine therapeutische Notgemeinschaft, die uns gut tat, über ein Jahr lang. In dieser Beziehung hatte ich meine Erwartungen so weit zurückgeschraubt, bis ich gar keine mehr hatte.

Ich ging zurück zur Geliebten. Ich war krank vor Sehnsucht nach ihr, eine Sehnsucht, die in Wellen kam und mich fast umbrachte. Also dachte ich, ich muß es mir wieder aus der Nähe anschauen, um mich wirklich entfernen zu können, was mir nicht gelungen war. Trotzdem versuchte ich, mit meinen alten Erkenntnissen etwas Neues aufzubauen. Sie war bereit, aber nur unter neuen Bedingungen, die noch viel schärfer waren als die alten. Sie würde mich nur bei sich zu Hause empfangen, würde nicht mehr in meinen Bereich kommen, nie mehr meine Freunde treffen wollen, kurz, sie wollte nie mehr dahin zurück, wo sie ihrer Meinung nach Schiffbruch erlitten hatte. Da hatte sie schon das richtige Gespür, denn alle meine Freunde sahen, was mit mir unter ihrem Einfluß geschah, wie ich mich veränderte, empfanden dieses Verhältnis von Anfang an als eine nicht akzeptable Einengung.

Ich sah mir selber zu, wie ich da saß, wie mir das Herz raste und ich mich darauf einließ – aus Sehnsucht. Es war mir natürlich klar, daß ich keine ihrer Bedingungen akzeptieren konnte. Sie beharrte: »Kannst du das oder nicht?« Das zeigt auch, wie wenig sie mich sieht. Sie mußte doch wissen, daß ich es nicht konnte, aber sie war ganz diktatorisch, wollte Macht ausüben. Ich fand das interessant, dachte: Je mehr Macht sie ausübt, desto leichter wird es mir fallen, wieder von ihr zu lassen. Ganz im Hinterkopf aber war doch die Hoffnung, ein bis zwei Prozent einer Chance, daß sie schlauer geworden ist. Daß sich ihr Charakter gewandelt hat. Ich hoffte, wir sind reifer geworden, wissen, was wir voneinander haben.

In diese Situation hinein kam die nächste Episode, genau die umgekehrte Geschichte: Eine sehr intellektuelle Frau mit einem Berg voller Minderwertigkeitskomplexen, mit neurotischen Auswüchsen. Da war ich therapeutisch voll drauf. Ich versuchte zu loben, immer wieder zu zeigen, darzustellen, daß sie wertvoll ist. Es war das Muster von früher. Sie hatte es schon länger auf mich abgesehen, und ich hatte es nicht bemerkt. Ich kannte sie vom Tennisspielen. Wir waren zusammen mit Freunden beim Skilaufen. Schliefen miteinander, um besser reden zu können. Doch die Balzgeschichte war damit nicht weg, im Gegenteil. Es begann eine richtige Horrorbeziehung – wieder einmal. In Verbindung mit mir ist diese Frau eine einzige Katastrophe. Sie dreht total durch, wenn sie nicht sofort Recht bekommt. Das hatte ich schon vorher ansatzweise bemerkt, es hätte mir eigentlich eine Warnung sein müssen. Aber anfangs achtest du ja nicht so drauf. Sie fühlte sich zurückgesetzt. Wenn ich mit einer anderen Frau zuviel tanzte, war es verkehrt. Wenn einer meiner Freunde sie nicht sofort begrüßte, hatte er etwas gegen sie. Wenn ich bei mir zum Essen eingeladen hatte, kam sie nicht, weil ich sie nicht richtig eingeladen hatte. Das sah dann so aus: Wenn ich sagte, ich möchte gern, daß du auch zum Essen kommst, kam das Nein. Wenn ich sagte, ich mache ein Essen, kommst du?, war es ebenso falsch. Ich mußte sagen: Ich würde gern ein Essen machen und mich sehr freuen, wenn du kämst. Die Form mußte gewahrt werden.

Sie liebte mich heftig und hinderte mich daran, Kontakt zu meinen Freunden zu halten, subtil und intelligent. Sie bestritt natürlich derartige Absichten, verhielt sich aber konkret so, daß es nicht möglich war, Verabredungen einzuhalten.

Im Bett wurde es immer besser.

Draußen bat sie mich immer öfter um Aussprachen. Die waren furchtbar. Sie machte mich nieder. Eigentlich kann ich nur mit Frauen gut schlafen, mit denen ich im Einklang bin. Ich kann nicht aus Wut heraus mit einer Frau ins Bett gehen und das dann als Versöhnung feiern.

Also strebte ich immer wieder nach Harmonie. Harmonie kam auf, wenn wir allein waren und ich mich sehr um sie kümmerte. Intellektuell war sie wunderbar. Ihr Thema ist die Psychologie, wir konnten viel darüber reden. Wir arbeiteten auch zusammen, ich engagierte mich bei ihrem Studium, half. Das war alles sehr angenehm. Aber sowie jemand dazukam, war's aus. Wir machten Urlaub in Amerika bei meinen Verwandten, auch das eine gekoppelte Geschäftsreise. Im Hause wurde es immer ruhiger, bis ich merkte, daß keiner mehr mit ihr sprach. Sie hatte Haß auf gebaut.

Meine Teenagertochter hatte übrigens gleich erkannt, was das für eine Frau ist und mir gesagt: »Papi, siehst du nicht, diese Frau macht dich fertig, die macht dich nieder. Und hast du nicht gesehen, wie sie mir meinen Teller wegnahm, um ihn dir zu geben? Wie sie sich immer in den Vordergrund spielt auf Kosten anderer. Sie denkt nur an sich, nicht an dich.«

Ich brauchte länger, um das alles zu durchblicken, versuchte, Lebenshilfe zu geben, bin sogar mit ans Elterngrab gefahren, habe vielleicht ein bißchen zu viel therapiert. In guten Momenten dachte ich, mit dieser Frau möchte ich zusammenleben und alt werden. Dazu war ich bereit. Dann kam ihre Forderung: »Ich will mit dir eine Wohnung haben, und wenn du nein sagst, ist alles aus.« Sie erträumte sich ein bürgerliches Leben mit mir. Aber eigentlich wollte sie einen anderen Mann. Das sagte ich ihr auch, sie daraufhin: »Du bist dumm, brutal, gemein.« So brutal sagte sie das zu mir. Ich daraufhin: Wenn ich so bin, wie du glaubst, können wir nie glücklich werden ... Das wollte sie dann so auch nicht hören.

Sie wollte alles. Mich. Fertig studieren. Geld verdienen. Ein Kind von mir. Voll im Mittelpunkt stehen. Alles, was dieser Sache zuwiderlief, wurde gnadenlos angegriffen. Von Frauensolidarität keine Spur. Wenn ich etwas für meine Familie ausgab, hieß es: »Die Weiber fordern alle zu viel.« Alle, nur sie nicht. »Ich hasse die Frauen«, sagte sie auch. Sie haßt sie, weil sie in ihnen Konkurrentinnen sieht.

Schließlich schlug ich eine Trennung auf Zeit vor. Das akzeptierte sie nicht. Es war schlimm für sie, als sie merkte, daß ich mich ihrer Einflußnahme entzog. Eigentlich begnügt sie sich auch ohne Mann. Es geht nur ums Haben, sie muß einen haben. Sie hat mich erpreßt, sagte, sie könne meinetwegen nicht mehr arbeiten, nicht mehr leben. Nachdem wir schon getrennt waren, begleitete ich sie zum Analytiker. Er und ich versuchten ihr gemeinsam beizubringen, daß sie nicht minderwertig ist. Das war haarsträubend. Wir versuchten ihr klarzumachen, daß ich mich von ihr trennen muß, weil ich mit ihr nicht leben kann. Sie sagte nur: »Ich stürze mich aus dem Fenster.« Ich: »Das wäre sehr traurig, aber es wäre mir egal.« Sie daraufhin: »Sehen Sie, er will mich umbringen.« So interpretierte sie das. Ich bin sicher, sie ist krank. Wenn ich das ansprach, sagte sie: »Wir sind alle krank, du bist genauso krank und geschädigt wie ich, wir wollen es nur mal suchen.«

Für mich war das Ende dieser zweiten Katastrophenbeziehung die Chance, endlich mal ohne Frau zu sein. Ich wollte mich einmal um mich selbst kümmern, zu mir finden. Die nächste Geschichte begann ich deshalb ganz vorsichtig. Ich bin nicht viel aus mir herausgegangen, aber wohl auf sie ein. Sie ist meine jetzige Freundin und hat natürlich auch ihre Probleme. Kaum ist sie von ihrem Mann weg, will sie mit einem neuen zusammenleben. Das macht mir schon etwas angst, aber diese Beziehung ist lebbar. Ich kann mit ihr reden, kann ihr alles sagen, wir können uns mit Freunden treffen, sie ist kommunikativ, neugierig auf Menschen, mag auch andere.

Aber natürlich haben auch wir unsere Schwierigkeiten, verschiedene Rhythmen. Sie muß früh aufstehen, ihre Kinder in die Schule schicken, aber darüber kann man reden. Ich könnte mir also – wieder einmal – durchaus vorstellen, daß es eine Zukunft hat. Die Gegenwart dauert immerhin über ein Jahr. Aber ich werde nichts übers Knie brechen, bin vorsichtig geworden und denke natürlich über die vergangenen Beziehungen nach. Ich muß ja dafür bereit gewesen sein. Jetzt bin ich es nicht mehr.

Am wichtigsten ist es mir, gesehen zu werden – egal, ob ich nun schlecht bin oder gut, ob ich lüge oder die Wahrheit sage. In den Katastrophenbeziehungen wurde ich nicht gesehen, sondern auseinandergenommen, analysiert und mit einem Gefühlswust konfrontiert, den ich überhaupt nicht verstehen konnte. Warum lieben sie mich mehr als ihr Leben?

So sagen sie jedenfalls und wollen mich andererseits demontieren, fertigmachen und ganz anders haben. Eben, weil sie mich nicht sehen, sondern sich ihr eigenes Bild von mir machen. Und werden aggressiv, weil ich dem nicht entspreche. Dann bin ich der herzlose, gemeine, brutale Schuft, den sie aber nicht ziehen lassen wollen.

Ich bin eigentlich ein Familienmensch, kein geborener Single, möchte mein Leben teilen. Wie jetzt mit meiner Freundin. Ich bin oft bei ihr, sie ist bei mir, aber wir leben nicht zusammen. Ich nehme an ihrer Geschichte teil, ergreife ihre Partei, möchte auch helfen. Jetzt beginnt die Diskussion, ob wir zusammenziehen oder nicht. Ich bin eigentlich zufrieden und möchte nichts ändern. Sie ist noch nicht geschieden und lebt in dem Ehehaus mit den Kindern. Dort sehe ich nicht meinen Platz, jedenfalls nicht vor fünf Jahren, wenn es überhaupt so lange gut geht. Im Grunde habe ich nichts dagegen. Wenn ihre Kinder groß sind, kann ich mir das vorstellen. Aber jetzt will ich weder in eine Familie einsteigen noch aus meiner aussteigen.

Auch wenn wir schon lange geschieden sind – meine Familie wird immer meine Familie bleiben.

8

»Ich bin neugierig auf Frauen, aber ich bin nicht heftig auf der Suche nach einer Partnerin, mit der alles unter Dach und Fach zu bringen wäre.«

Roman R., 49 Jahre, freiberuflicher Lektor, unverheiratet

Wieviele Frauen geliebt? »Für eine Minute viele, für eine Stunde noch eine Menge, für ein Jahr sechs oder sieben, und über Jahre hinweg: eine!« Mit wievielen Frauen geschlafen? »Da ich mir keine Kerben ins Bett geschnitzt habe, würde ich mal sagen, gut vier, fünf Dutzend Frauenzimmer werden schon den Fehler begangen haben, mir hautnah begegnet zu sein. Es macht keinen qualitativen Unterschied, ob man mit zwanzig oder mit achtzig geschlafen hat. Im übrigen muß man allen Männern – außer mir – bei der Zahl mindestens zwanzig Prozent abstreichen.«

Ganz der Typ des Intellektuellen, aber gutaussehend, rotbraune Hornbrille, markantes Gesicht, volles gelocktes Haar, ironisiert seine Lebenswirklichkeit.

Wenn ich die Frage, ob ich verheiratet bin beziehungsweise war, mit nein beantworte, macht sich erst mal Erschrecken auf den Gesichtern der Frauen breit. Wenn ich dann aber hinzufüge, daß ich zehn Jahre mit einer Frau zusammengelebt habe, scheint das der Beweis, daß doch einiges mit mir in Ordnung ist.

Es gibt kein festes Anmachmuster. Wenn mir eine gefällt und ich wirklich ein Auge auf sie geworfen habe, laß ich was von mir raus. Dann riskiere ich auch etwas. Riskieren heißt auch Ablehnung erfahren. Das gibt natürlich einen Stich. Ich gehöre nicht zu jenen, die durch Kneipen ziehen oder Straßen schleichen, es einfach fünfzigmal probieren und denken, es wird schon klappen. Außerdem: So viele gefallen mir doch gar nicht. Das wird weniger mit den Jahren. Das sehe ich nicht als Nachteil, das ist auch kein Grund zum Jammern, eher Ausdruck differenzierter realistischer Wahrnehmung.

Mit achtzehn oder zwanzig kann man sich auf einer Party in vier Mädels verknallen, alle drei, vier Monate eine neue Freundin haben, die man herzinnigst liebt. Aber mit zunehmendem Alter sieht man deutlicher, wer einem gefällt, an wem einem etwas liegen könnte, mit wem man überhaupt auf eine gefällige Art und Weise kommunizieren kann. Mit Frauen, mit denen ich mich nicht – ich sage es mal so – ganz normal unterhalten kann, wo es nicht irgendeinen Draht (oder lieber mehrere) gibt, kann ich nichts anfangen – auch im Bett nicht.

Ausnahmen gibt es. Das gilt für alles Gesagte. Wenn ich lese, daß siebzig oder achtzig Prozent der Männer gern mit Claudia Schiffer eine Nacht verbringen möchten, könnte ich ganz hochmütig sagen, ich nicht. Ich könnte sie von der oft zitierten Bettkante stoßen. Claudia Schiffer ist nur ein Name, der für eine bestimmte Art von Frauen steht. Natürlich ist das Aussehen wichtig und vielleicht entscheidender Reizauslöser. Aber nicht der einzige. Attraktiv kommt von Attraktion, also Anziehung. Außerdem sieht man es ja vielen Menschen an, ob sie vielleicht auch im Kopf ein bißchen vielgestaltiger sind oder doch nur flach. Ich will nicht darauf hinaus, daß ich nur mit hochintellektuellen sophisticated-women umgehen möchte oder umgegangen bin. Es muß aber ein gewisser Spielraum für Kommunikation vorhanden sein.

Ich lebe so, wie Singles heute leben, in einer Zweizimmer-Wohnung mit Küche, Bad, in einem Stadtteil, der viel zu teuer ist.

Daß ich nicht verheiratet bin, ist kein Programm. Ich habe mir das ebensowenig vorgenommen wie keine Kinder zu haben. Es hätte auch anders kommen können. Es hat sich so ergeben – mein Leben. Wobei das sicher auch kein Zufall ist. Offenbar ist meine Motivation, die Geborgenheit des Ehehafens aufzusuchen und Kinder zu kriegen, nicht so stark ausgeprägt wie bei anderen. Aber wenn die Frau, mit der ich am längsten zusammen war, immerhin zehn Jahre lang, in unseren guten Zeiten gesagt hätte, daß ein Kind auch etwas Schönes sei, hätte ich mich nicht gesperrt.

Wäre es mein Wunsch gewesen, hätte ich mir diese Lebenssituation hergestellt. Ich habe drei-, viermal längere Zeiten mit Frauen zusammengelebt oder zumindest eng mit ihnen zu tun gehabt. Mit meiner ersten Freundin waren es sieben Jahre. Dann folgten drei mit einer Frau, die selbst ein kleines Kind hatte. Familienleben ist mir also nicht unbekannt. Und dann eben jene zehn Jahre, meine wichtigste Beziehung, nicht nur von der Dauer her gesehen, sondern auch vom Lebensalter.

Ich war Mitte Dreißig, sie Ende Zwanzig. Es ist die Geschichte einer großen Liebe, aber auch eine Geschichte über die Schwierigkeit und die Kunst der Beziehung. Ich sah die Frau und war hingerissen. Ich bin wirklich auf die Jagd gegangen, habe sie erobert, um es in so altmodischen Worten zu sagen. Die Sprache weiß auch, warum sie sich Worte gewählt und erhalten hat. Wir waren uns äußerst zugetan. Sie lebte in einer anderen Stadt. Die räumliche Distanz wurde bald aufgehoben, der Wunsch war beidseitig. Wir waren ja keine jungen Leute mehr, sie eine selbständige Frau, die auch nicht zum ersten Mal mit einem Mann zusammenlebte, die ihren Beruf liebte. Im allgemeinen Verständnis ist sie das, was man eine emanzipierte Frau nennt. Sie hatte keine Einbußen erlitten, als sie zu mir kam. Wenn es umgekehrt besser gewesen wäre, wäre ich in ihre Stadt gezogen.

Die Zeit, in der man sich kennenlernt, im Alltag miteinander umgeht und Freude daran hat, neue Erfahrungen miteinander, aneinander zu machen, zusammen verreisen zum Beispiel, wo Vertrauen und Freundschaft entsteht, ist spannend und schön. Das geht dann eine Weile so weiter. Aber dann machen sich – so sage ich das – gewisse Abriebprozesse und Ermüdungserscheinungen innerhalb der Beziehung bemerkbar. Unverträglichkeiten werden sichtbarer, Defekte, die einer hat oder der andere, wirken sich stärker aus, verschiedene Naturelle, unterschiedliche Temperamente. So könnte man jetzt fortfahren in der Beschreibung. So lange es gutgeht, paßt das wunderbar zueinander. Wenn es aber knirscht und hart und schwieriger wird, dreht sich das um. Die Temperamente wirken nicht mehr zusammen, sondern gegeneinander. Das, was sich vorher verbunden hat, wirkt jetzt zentrifugal, wie ein Magnet, den man umdreht.

Im nachhinein weiß man, daß man zu wenig darüber gesprochen hat. Mir als Mann muß ich ankreiden, daß ich derjenige war, der das eher verhinderte. Eine Frau durch Bosheit oder Sarkasmus elend machen – bei den unterschiedlichen Temperamenten kam es nicht zu häufigen

Szenen, Auftritten, Ausbrüchen, was mir manches Mal geradezu gefehlt hat. Es führte aber auch dazu, daß wir nicht in einem elenden Zerwürfnis oder von Ekel und Haß bestimmt auseinandergingen.

Ab dem Moment, wo man sich nicht mehr guttut oder aus der Krisenhaftigkeit gar nicht mehr herauskommt – was sicher mehr mit mir als mit ihr zu tun hatte, weil ich mir in gewisser Weise selber unkenntlich geworden bin –, ist die Neigung bei Männern, sich abzukapseln, zu isolieren, abzupanzern, wahrscheinlich umso größer, je mehr und je verzweifelter die Frau versucht, das wieder irgendwie hinzuzurren. Je mehr die Männer dazu neigen, in Selbstverblendung schon gar nicht mehr wahrzunehmen, was los ist, desto mehr neigen die Frauen dazu, passiv abzuwarten und zu dulden. Oder hektisch bemüht zu sein, es recht zu machen. Beziehungsweise durch endlose Beziehungsdiskussionen alles wegzureden.

Dann gibt es generell gesprochen zwei Möglichkeiten: Entweder lernt die Beziehung im Verlauf der Krisenhaftigkeit dazu, wandelt sich so, daß sie wieder eine Plattform für beide ist, oder die Destruktion bekommt eine eigene Dynamik, von den ersten ausgefransten und kaputten Schräubchen ausgehend, zerstört sich in dem Prozeß das ganze Getriebe.

Es gibt etwas Paradoxes in diesem Zustand: Man will jemanden und will ihn zugleich nicht. Das ist die kürzeste Formel, auf die ich es bringen kann. Man will nicht verlieren, möchte das Gute, Zugeneigte bewahren. Es gibt niemanden, der einen so gut kennt wie diese Person. Man hat eine gemeinsame Geschichte. Es ist ja nicht so, daß die Liebe in ein Säurebad gefallen und restlos zerfressen wäre. Sie ist da und sei es nur als Echo. Sie ist nicht mehr die produktive Kraft. Weil man sich in der Tat gegenseitig nicht mehr guttut, entsteht das Bedürfnis, diesen Zustand wie auch immer zu verändern oder ein Ende zu setzen. Wobei man sich an das Endesetzen ganz langsam gewöhnt.

Ich denke, daß Männer und Frauen dabei unterschiedlich sind. Ich habe wohl mehr dazu getan als sie, daß es ein Ende nehmen mußte. Ich rede nicht von Rohheiten, Schlägereien, ständigem Fremdgehen. Selbst wenn man behutsam sein will, ohne Kränkungen, Demütigungen und Niederträchtigkeiten geht es nicht ab, ob absichtlich oder unabsichtlich. Ich habe oft erlebt, wie unterschiedlich diese Loslösungs- und Abwendungsprozesse verlaufen.

Modellhaft gesprochen ist es nicht selten so, daß die Frauen äußerlich passiver und auch noch gutwillig zur Beziehung stehen, während sie sich innerlich über lange Zeiträume allmählich entfernen. Kommt es dann zur Trennung, hat die Frau innerlich die Trennung schon vollzogen, so daß es ihr oft leichter fällt als dem Mann, der viel mehr Krawall gemacht, aggressiver und destruktiver war, aber sich mit dem Gedanken, daß man sich nicht mehr hat, nie so recht vertraut gemacht hatte. Die Männer erleiden einen Schock, weil sie bei allem, was sie auch betrieben haben, nie ernsthaft an eine Trennung dachten. Dann leiden sie mehr als Frauen.

Wenn die Trennung nötig war und nicht nur ein Mißverständnis, ist auch immer das Moment der Befreiung enthalten. Aber zugleich muß das innerlich erst realisiert werden. Die ganze Zeit ist im nachhinein für Männer höchst irritierend, ja, wie hat diese Frau eigentlich noch mit mir umgehen können? Ich dachte manchmal, das muß wie eine Vivisektion gewesen sein. Die Frau hat dich eine ganze Zeit seziert und sich an jedem Einzelteil klargemacht, daß es nicht mehr stimmt. Der Mann hat es nicht gemerkt, noch schlimmer: Je mehr sie sich zurückzog, desto fuchtiger, unleidlicher und wütender wurde ich. Dann funktioniert nichts mehr, auch im Bett nicht, oder nur kaum.

Man sollte glauben, daß heute alle Geheimnisse von Lust und Lotterbetten gelüftet sind, aber ich glaube, daß da noch vieles umschleiert ist, weil das auch die Dinge sind, die die beiden doch eher für sich behalten, wenn sie noch ein Gefühl für Diskretion und eine humane Art von Scham haben, um nicht bloß infam zu werden.

Wir hatten es insofern auch leichter als andere, als da keine Kinder waren und keine finanziellen Abhängigkeiten. Über die Güter, die zusammen erworben und gekauft wurden, einigten wir uns in zehn Minuten. Es gibt genügend Fälle, wo einer von beiden alles zerstört, siehe den Film »Der Rosenkrieg« zum Beispiel.

Ich meine, es sollte zwischen zwei Menschen nichts tabuisiert sein, weil man sonst nie in die Nähe der Wahrheit kommt. Auch Wut und Frust sollen einen Ausdruck finden, wodurch das Risiko der Verletzung, der Kränkung selbstverständlich rapide steigt.

Leute unseres Alters, in unserem Milieu, haben ja alle mehr oder weniger Trennungen und neue Anfänge hinter sich. Wenn eine Beziehung nach so langer Zeit auseinandergeht, greift es tief ein. Sonst wäre es die Beziehung gar nicht wert gewesen. Es ist nur gut, wenn es Nachdenklichkeit erzeugt. Nach langjährigen Beziehungen, die Substanz hatten, dauert es oft Jahre, bis man ein gelasseneres Verhältnis dazu hat. Manche Männer suchen hektisch etwas Neues, das das Ego aufmöbelt, Affären, Weibergeschichten. Dann passiert oft – worunter vor allem die verlassenen Frauen entsetzlich leiden –, daß der Mann nach wenigen Monaten eine neue Lebenspartnerin gefunden hat oder daß ganz schnell geheiratet wird, um der Verflossenen zu beweisen: Da kannst du mal sehen, dich hat es nicht gebraucht, es gibt bessere als dich. Wie lange es hält, lassen wir mal lieber dahingestellt. Bei den Frauen bleibt der Eindruck: Ich habe ihn vermenschlicht und jetzt erntet die nächste die Früchte.

Nach der Trennung bin ich allein geblieben, hatte nicht das Bedürfnis, gleich wieder eine verbindliche Geschichte anzufangen. Das hätte ich nicht gekonnt und nicht gewollt. Die ersten Monate war ich mit mir selbst beschäftigt, wäre gar nicht gesellig gewesen. Sexuelle Sehnsucht war da, aber ich bin nicht in die nächste Nachtbar gestürzt, um flotte Miezen aufzureißen. Das hat mich nicht interessiert, ein paar Monate lang nicht. Wenn ich davon spreche, daß ich ein Jahr mit der Trennung zu tun hatte, dann rede ich nicht nur vom Jammern, sondern darüber, daß es mir auch gut getan hat, mich wieder selbst wahrzunehmen, neu definieren zu müssen. Wenn man so will, eine der aufregendsten Zeiten in meinem Leben, und nötig. Nicht daß da ein falscher larmoyanter Klang hineinkommt. Dann wurde die sexuelle Sehnsucht nach Frauen immer stärker. Da muß ich schon im Plural bleiben, ja, sexuelle Sehnsucht nach Weibern, um es kraß zu sagen. Frauen, mit denen man sich gar nicht gleich innig verbinden will, sondern mit denen man die eine oder andere Fleischeslust genießen will. Das ist ja wirklich nichts Neues.

Seit fünf Jahren lebe ich solo, und in dieser Zeit habe ich vielleicht mit zwanzig Frauen etwas gehabt, vom One-Night-Stand bis hin zu einer recht freundlichen und freundschaftlichen Beziehung über mehrere Monate. Wobei ich auch schon sagen muß, daß ich mit den meisten Frauen in meinem weiblichen Bekanntenkreis nichts hatte. Ich tue mich schon um und tue auch was dafür, daß ich unter Leute komme. Ich bin neugierig auf Frauen, aber ich bin nicht heftig auf der Suche nach einer Partnerin oder Lebensgefährtin, mit der alles unter Dach und Fach zu bringen wäre. Meiner Lebenserfahrung nach klappt das am allerwenigsten, wenn man es drauf anlegt, noch schlimmer, man vertut sich.

Inzwischen weiß ich schon, wenn ich in der Stimmung bin. Vielleicht wieder im Frühjahr, wenn man wirklich den dringenden Wunsch hat, sich zu verlieben, richtig sehnsüchtig danach ist. Im Grunde etwas Narzißtisches, man muß vorsichtig sein. Da wuchern und blühen die Projektionen, hinter denen allzu leicht die konkreten Personen verschwinden. Deswegen dauern viele Romanzen nur ein paar Tage oder Wochen. Das kann zwar auch schön sein, ist nicht Frust oder fortlaufende Enttäuschung. Es zeigt sich relativ schnell, daß man sich nicht zusammenfügen kann und will.

Es gibt Situationen, in denen zwei Leute im vorhinein wissen, daß sie bei allem Gefallen gar nicht willens sind, sich auf etwas Weitergehendes einzulassen. Dennoch können sie von einer Nacht bis zu ein paar Monaten angenehm miteinander umgehen, wenn es von gleich zu gleich ist. Meistens stellt sich aber dann heraus – und das entspricht weithin den jetzigen Geschlechtsstereotypen –, daß doch eher die Frau mehr Nähe und Verbindlichkeit sucht – und braucht. Obwohl sich das Umgekehrte abspielen kann, heute häufiger als früher, weil die Rollenzuweisungen nicht mehr eindeutig sind.

Das ewige Spiel zwischen Männchen und Weibchen, so sage ich es mal: Das Männchen wirbt, ermuntert durch Signale, das Weibchen ist ihm nicht sofort zu Gefallen, gibt sich kokett und darf sich auch zieren, denn das Weibchen muß ja erst mal sehen, was das für einer ist. Das Weibchen muß spüren, daß es begehrt ist und nicht nur notdurftmäßig ausgenutzt wird. Und dann kamen sie zusammen und erkannten sich, wie es in der Bibel heißt. Das ist der Verliebtheit Rausch, in dem sowieso alles egal ist, eine Art von Blutvergiftung. Und dann fangen die Dinge an, müssen wieder etwas nüchterner betrachtet werden. Man sieht unterschiedliche Interessen, Bedürfnisse, Verhaltensweisen. Das ist der Punkt, an dem die Romanzen auseinandergehen. Das ist, verkürzt sicherlich, ein häufiges Schema.

Als Mann muß ich in letzter Zeit manchmal grinsen, wenn ich in Zeitschriften lese, daß mehrtausendseitige Studien durch heimliches Beobachten, Sitzen in Kneipen, Videoaufnahmen ergeben haben, daß es eigentlich die Weibchen sind, die aussuchen. Daß sie bestimmen, wen sie ranlassen und wen nicht. Das versteht sich doch von selbst.

Genauso versteht es sich auch, daß ich an eine Frau, die mir gefällt und die sich schreckensbleich von mir abwendet, nicht rangehe. Aber wenn sie herguckt, die Andeutung eines Lächelns zeigt, ist das sanfte Aufforderung. Da hat sich schon einiges geändert. Früher wäre es undenkbar gewesen, daß eine Frau den ersten praktischen Schritt tut und den Mann anspricht. Trotzdem ist das Ansprechen heute noch meist Part der Männer.

Es sind einfach mehr Frauen unterwegs als Männer. Gut für die Männer. Ob man nun Lesungen besucht oder Musikabende, bei Kulturveranstaltungen jeder Art ist ein reicher Damenflor vorhanden. Aber nun geht man nicht mit einem erigierten Aufreißwunsch dorthin, das stelle ich mir doch mühsam vor. Außerdem sind die Frauen meist gleichaltrig …

Ich will nicht abstreiten, daß vor allem für älter werdende Männer junge Frauen oftmals auf den ersten Impuls einen starken erotischen oder sexuellen Reiz ausüben. Das ist hinzunehmen als Lebenswirklichkeit. Woher das kommt? Ich glaube, dazu kann man nichts Neues mehr sagen. Sex mit jüngeren Frauen wird – besonders von gleichaltrigen Frauen – als Versuch gewertet, selbst wieder lebendiger zu werden, ihnen imponieren zu können, sie rumzukriegen, durch Prestige, Geld, Macht. Aber es ist sicherlich auch ein Motiv, jemanden formen zu können, für sich selbst passend zu machen.

Ich halte das zwar für eine fehlgeleitete Motivation, aber unbewußt ist sie bei Männern ziemlich stark entwickelt.

Die Frauen, mit denen ich zusammen war, waren nie wesentlich jünger als ich, zehn Jahre ungefähr, das ist im Rahmen der gewohnten Verhältnisse. Ich hatte nie mit einer Zwanzigjährigen als Erwachsener eine längere Beziehung. Eine Affäre oder ein Techtelmechtel, natürlich, ist ja auch reizvoll.

Noch etwas Allgemeines, was für andere weniger gilt als für mich. Ich bin ein sehr neugieriger Mensch, wie schon gesagt, und das nicht nur in bezug auf Frauen. Solange man neugierig ist, lebt man. Wo liegt der eigene Reiz, wenn man versucht, eine weitaus jüngere Frau zu gewinnen? Es schmeichelt einem natürlich, tut dem Ego gut. Jugendlichkeit hat eine besondere sexuelle Attraktivität. Ich glaube, das sind uralte, im Stammhirn eingelagerte Verhaltensweisen. So uralt und uns eingefleischt, daß man sagen könnte, schön und jung bedeutet vor allem lebenstüchtig und in der Lage, sich schlicht und einfach fortzupflanzen. Wobei das in den Hintergrund getreten ist. Ich bin überhaupt der Meinung, daß vieles in unserem heutigen zivilisierten und »humanisierten« Leben von den steinzeitlichen Urzuständen nicht weit entfernt ist, weniger entfernt als wir uns zugestehen.

Eigentlich lerne ich selten Frauen in Kneipen kennen. Kneipen sind nicht günstig. Aber ich kam mal mit einer jungen Frau neben mir an der Bar ins Gespräch. Wie sich herausstellte, kam sie aus Südafrika. Wir unterhielten uns ganz passabel über das, was sie beruflich hier tut, worauf es hinzielt. Darüber kann man leicht reden. Wenn jemand noch nicht lange im Land ist, hat er ganz eigene Erfahrungen, da ist kein Stoffmangel. Wir tauschten unsere Telefonnummern aus, hatten nichts gegen ein Wiedersehen. Ich rief sie an. Ich glaube schon, daß es meist die Männer sind, die anrufen. Wir gingen zu einer Kulturveranstaltung, Musik und Entertainment, ich merkte, daß sie gern mal etwas erleben würde. Sie gefiel mir, war anziehend. Natürlich versucht man charmant zu sein und seinerseits einen guten Eindruck zu machen. Irgendwann zog sie einen Joint aus der Tasche. Ich hatte lange keinen mehr geraucht. Ich merkte einfach, die will was, sicher, das hätte nicht unbedingt ich sein müssen.

Wann ist man schon so unbedingt selbst gemeint?

Wir fuhren zu mir nach Hause und genossen eine Nacht lang allerlei Freuden des Fleisches. Sie war zwanzig. So eine Nacht – alles ist neu, gar nicht so selbstverständlich und nicht nur von Lust und Genuß bestimmt. Das ist auch komisch und grotesk. Es war gut, für sie auch, aber damit war es schon aus. Keiner hat den anderen ausgenutzt, man hat sich nichts vorgemacht, weil es dazu gar nicht erst kam. Ich glaube, sie hat einfach einen Mann gebraucht, nicht im reduziert sexuellen Sinn, sondern: Sie brauchte es mal wieder, wahrgenommen, begehrt und auch gefühlt zu werden. Ich glaube, das ist es, was Affären konstituiert.

Es gibt ja nichts, worüber es keine Statistiken gäbe, vor allem in diesem Bereich. Wer prüft aber nach, was da erzählt wird? Man kann das nie so faktisch nehmen, aber immerhin: Jede dritte der jüngeren Ehefrauen geht in den ersten fünf Jahren der Ehe fremd, denn in den ersten Ehejahren läßt alles nach. Die Männer kümmern sich mehr um den Beruf, die Frauen fühlen sich an die Seite gestellt. Es fehlt ihnen an Zuwendung und Zärtlichkeit. Aus Frust heraus wird versucht, sich das kurzfristig woanders zu holen.

Männer sind schärfer auf Abwechslung, auf Sex im biologischen Sinn des hedonistischen Genusses, als Frauen. Ich werde es mal ganz roh sagen: Der Mann will mal wieder eine andere Frau vögeln, die Frau möchte mal wieder begehrt, umschmeichelt werden, als Frau im Mittelpunkt stehen. Das emotionale Element ist bei Frauen stärker ausgeprägt. Ich glaube, das geht soweit, daß Frauen nicht selten den Koitus eher hinnehmen, als darauf abzielen. Und ein Mädchen geht nicht mit dem Jungen ins Bett, weil sie nicht mehr anders kann, sondern weil der sonst wegläuft.

Diese fünf Jahre solo waren schon passend. Aber ich streite natürlich nicht ab – jetzt hätte ich fast gesagt, zuzugeben –, daß die Sehnsucht nach einer richtig schönen, möglichst langwährenden Liebesgeschichte da ist. Das ist ein zwar nicht an der Oberfläche zutagetretendes, aber ganz wichtiges Motiv. Wenn einen die Sehnsucht nicht umtreibt, wird man alt.

Ich möchte mich eigentlich nicht vom Altgesellen zum Hagestolz entwickeln und kann mir auch nicht so recht vorstellen, daß ich mein ganzes weiteres Leben solo verbringe. Ich bin allein, aber nicht einsam.

Es versteht sich, daß man seinem Alter gemäß und seiner Lebenserfahrung das andere Geschlecht wahrnimmt. Es kann sein, daß noch einmal alles umgestülpt wird. Das heißt nicht, daß man aus neuem Material besteht, sondern daß es sich anders zusammensetzt, reagiert, färbt.

In dieser Altersgruppe beobachte ich häufiger bei etwa gleichaltrigen Frauen eine seltsam widersprüchliche Art: Viele sind geschieden, beruflich unabhängig bis erfolgreich, sind, wenn Kinder da sind, aus der gröbsten Betreuungssituation heraus und haben – uneingestanden oder nicht – eine große Sehnsucht nach Liebe. Mit allem, was dazugehört. Zugleich haben sie genauso große Angst davor.

Ein Beispiel: Eine Frau, die durchaus als attraktiv gelten kann (bezeichnenderweise sagt man bei einer Frau, du siehst für dein Alter noch sehr gut aus), die sich auch entsprechend kleidet und sich so gibt, daß man nicht auf den Gedanken käme, sie hätte die Männer abgeschrieben. Ein freundliches, aufgeschlossenes Gespräch aber kann sie nicht führen, zumindest mit mir nicht. Ständig werden ganz unverhältnismäßige Widerborstigkeiten, Attacken, Spitzen produziert, die mir gar nicht gelten können, weil ich ja nichts getan habe. Eine zwanghafte Art, schnippisch zu sein, hinter der sich Frustration und Kränkung verbergen, die offenbar noch nicht eingearbeitet sind in die Seelenlandschaft und die ihre Kommunikationsfähigkeit mir als Mann gegenüber zerstören. Im Grunde gegen den Willen der Frau.

Es gibt die Möglichkeit, daß Frauen zwanghaft eine Situation herstellen, in der sie sich sagen können, nein, die Männer taugen nichts. Dann müssen sie auch nicht darunter leiden, daß sie keinen haben. Das beobachte ich häufig. Und noch etwas anderes, über das ich selber erst mal nachdenken muß. Mir fällt dieser Begriff »Matrone« ein. Abgesehen von der alten Definition, ist das bei mir eine Chiffre, über deren Inhalt ich mir in der Tat erst klarwerden muß. Ich muß herausfinden, was ich damit eigentlich meine. Es begegnen mir Frauen, die altersmäßig zu mir passen könnten, und doch fällt mir dieser Begriff ein …

Ich habe relativ wenig ironisch gesprochen. Die richtig gute Ironie besteht ja darin, daß auch der, der sie benutzt, in dem Moment gar nicht genau weiß, was er ernst meint und was nicht.

Man fragt nicht: Wie steht's mit der Menopause? Als ich mich in einem Buchladen nach Büchern über die Wechseljahre erkundigte, weil ich mir dachte, ich habe kaum eine Ahnung davon und muß doch wissen, was Frauen da durchmachen, erntete ich Erstaunen, so als hätte ich eine perverse Anwandlung offenbart. Als ich neulich eine gleichaltrige Frau, mit der ich nichts gehabt hatte, nach vielen Jahren wiedertraf und die plötzlich einen kleinen Fächer aus ihrer Handtasche zog und sich Luft zuwedelte mit der Bemerkung, das sind die Wallungen, hat mich das erstaunt und gleichzeitig gerührt. Weil sie das so offenherzig ausgesprochen hat. Ansonsten ist das ein Tabuthema zwischen Männern und Frauen.

Ebenso tabuisiert ist Älterwerden und Sexualität. Obwohl kaum eine Talkshow vergeht, in der Leute nicht ihre Unterwäsche lüften, bleibt das im gewöhnlichen Umgang der Geschlechter unter der Decke.

Älterwerdende Männer – junge Frauen, das ist einfach, ja die jungen Frauen stehen noch voll im Saft, haben keine differenzierten sexuellen Erfahrungen, Bedürfnisse. Deshalb bekommen die wenigsten jungen Frauen einen Orgasmus. Es fehlt ihnen zunächst auch nichts. Wenn der Mann einen kriegt, ist es gut. Insofern meine ich, daß junge Frauen einfacher sind.

Will man den differenzierten, anspruchsvollen und langwirkenden Gelüsten der reiferen Frau gewachsen sein, ist man in dem Alter, wo das entscheidende Organ auch nicht mehr so wächst wie es sollte. Und darüber sprechen die Männer äußerst ungern, das heißt, je mehr ältere Männer etwas schlichteren Gemüts sich großtun und als Sexualprotze aufspielen, desto mehr kannst du davon ausgehen, daß sie unter Anwandlungen von Mattigkeit leiden.

Die Angst vorm Potenzverlust führt zum Potenzverlust.

Es gibt den Trost für Männer, die ihr Glied nicht mehr als den jederzeit abrufbaren Stahlprügel erleben, daß der Geschlechtsverkehr nicht nur den Koitus meint und daß – jetzt behaupte ich mal gegen alle Statistiken in Frauenzeitschriften, speziell »Cosmopolitan« – ein großer Teil der Frauen im Grunde nur in Ausnahmefällen beim Vögeln zum Orgasmus kommt. Das entspricht meiner Erfahrung, da kann Shere Hite sagen, was sie will. Es geht anders einfacher und muß nicht weniger liebevoll sein. Es gibt allerlei andere Gliedmaßen, die der Mensch – und Mann – noch hat.

Wenn Lebenserfahrung gemischt ist aus dem, was schlagwortartig auch mit Reife oder Souveränität bezeichnet werden könnte, wirkt sich das im Bett aus. Das birgt viele Lasten, Resignationen, niederziehende Erfahrungen. Das gilt für beide und kann es ganz unmöglich machen, etwas aneinander zu finden. Es kann aber auch genau das Gegenteil bewirken. Man kann sich verständnisvoller und umgänglicher verhalten.

Im Umgang mit gleichaltrigen Frauen ist erfreulich und auch faszinierend, daß einem gemeinsam viele Dinge selbstverständlich sind. Man kann sich sehr viel schneller verständigen über Sachen, die man jüngeren erst mal erläutern, erklären, wenn man sie nicht überhaupt erst mal darüber informieren muß. Das betrifft nicht nur Beziehungsfragen, sondern auch gesellschaftspolitische Biografien.

Doch es ist nicht zu leugnen, es gibt die Faszination zwischen Männern mittleren Alters und jungen Frauen. Auch bei denen, die nicht mit einem massiven Vaterkomplex durch die Gegend laufen. Es ist die Faszination – abgesehen vom Sozialprestige –, daß die älteren Männer den jungen Frauen eine Menge aus dem Leben, das sie hinter sich haben, erzählen können. Zeiterfahrung kann auch sinnlich wahrnehmbar sein. Und außerdem haben sie so nette, interessante Falten, markante Züge. Junge Frauen zwischen neunzehn und fünfundzwanzig Jahren ertragen ja oft gleichaltrige Männer kaum.

Wenn ich mich mit einer Frau (oder eine Frau sich mit mir) doch noch in ein Liebesverhältnis mit der Option auf längere Sicht einlasse, kann ich mir nicht vorstellen, daß sie unter Dreißig ist. Das sage ich jetzt mal als Marke. Ich glaube, im großen und ganzen haben die Jahre gepaßt. Es war kein selbstprogrammiertes Konzept. Und von Zufriedenheit kann bei mir sowieso nicht die Rede sein. Ich glaube, eine meiner wichtigsten und gleichzeitig auch quälendsten Eigenschaften ist, daß mich Zufriedenheit nicht interessiert. Ich will zwar nicht ständig unglücklich sein, aber Zufriedenheit heißt für mich Behäbigkeit, Bescheidenheit, Konformismus.

Ein Mann ohne Frau ist kein Manko.

Männer reden nicht miteinander darüber, wie sie und wie oft sie gevögelt haben, auch nicht nach dem siebten Bier.

Männer wissen wenig von anderen Männern.

Was sie darüber wissen, wissen sie nur von den Frauen.

9

»Die Drei ist gut. Das ist meine Konstellation. Jetzt bin ich wieder zu dritt, eigentlich war ich immer zu dritt.«

Hans B., 54 Jahre, Stadtplaner, geschieden, eine Tochter

Wieviele Frauen hat er geliebt? »Das sage ich nicht. Nur so viel: genug.« Mit wievielen geschlafen? »Aus meiner jetzigen Sicht auch genug. Die Phantasien leben jedoch weiter, die Triebhaftigkeit, das Taxieren von Frauen, zieht sich durch.«

Ein gut erhaltener Achtundsechziger, begeisterungsfähig wie Begeisterung auslösend, mit wachen schwarzen Knopfaugen, die ebenso beredt sind wie seine Sprache. Ob's stürmt oder schneit, alle Erledigungen macht er mit dem Fahrrad.

Ich habe verschiedene Lebensphasen. Das ist gesichert. Jetzt also bin ich in der Phase einer guten Mutter und eines monogamen Liebhabers. Das ist keine bewußte Entscheidung, es geht mir auch nicht um Treue. Es liegt in mir, ist meine Sache, natürlich hat es mit dem Kind zu tun. Eins muß ich noch sagen – denn ich bin ein Triebmann, ja Trieb ist der richtige Ausdruck –, mein Sexualleben hat wieder eine Steigerung erfahren in Ausprägung und Formenreichtum. Das ist sehr wichtig.

Die Jetzige – nicht die Mutter meines Kindes – ist eine typische Frau, sinnlich, selbstbewußt, siebzehn Jahre jünger als ich, und ich bin ein Mann, der sich viel herausnehmen kann. Sie ist froh, daß sie mich hat, sagt sie, weil sie in Hinsicht auf Erotik und Sexualität in den Genuß meiner Erfahrungen mit den anderen Frauen kommt. Sie ist eine »typische Frau« meint, daß unsere erotische Beziehung klassisch ist. Ich bin der Aktive, und sie findet das alles prima. Ich kann anwenden, was ich gelernt habe, ohne Diskussionen. Das ist ein Eckpunkt, der ist fein.

Begründen kann ich nicht, warum sie, wie die meisten Frauen in den letzten Jahren, jünger ist als ich. Tatsache ist, daß ich eine lange Zeit Frauen hatte, die zwischen dreißig und vierzig Jahre alt waren. Und irgendwie bin ich bei dieser Altersgruppe geblieben, fünfundzwanzig Jahre lang. Das gibt mir zu denken, was steckt dahinter?

Meine ehemaligen Geliebten und heutigen Freundinnen, die mit mir älter geworden sind, finden das gar nicht gut. Gleichaltrige sind nicht tabu, so ist das nicht. Im Prinzip ist mir das Alter wurscht. Ausgleich und Geborgenheit sind mir wichtiger als jugendliche Frische. Gleichaltrige

Frauen sind durchaus attraktiv, aber: Sie strahlen eine andere Sexualität aus …

Früher dachte ich, daß es ein Streß sein müßte mit jüngeren. Da war ich fest davon überzeugt, nur mit Frauen meiner Altersgruppe intellektuell etwas anfangen zu können, weil die Entwicklungsstufe ähnlich sein muß. Und jetzt lebe ich mit einer Frau, die einer anderen Generation angehört, die aber intellektuell gleichberechtigt ist. In meinem Frauenbild kann ich nicht ertragen, wenn ich der Überlegene bin, wie zum Beispiel bei der Kindsmutter. Meine jetzige Frau ist genau auf meinem Dampfer, alles ist wunderbar, wieder einmal.

Männer sind ganz einfach. Sie haben die Psyche eines Zwölfjährigen. Das sage ich heute. Und blicke zurück auf meine Kindheit, in der sich meine Grundeinstellung zu Verhältnissen, zu Menschen, zu Frauen herausgebildet hat. Geprägt hat mich der Familienverband und meine Beziehung zur Mutter. Meine Vorfahren waren Handwerker und Bauern, mein Vater ist der erste Akademiker, damit hat sich das Proletarische verloren. Meine Mutter war Mutter, eine intelligente Frau mit drei Kindern. Die Mutter liebte mich sehr, und ich liebte sie sehr, obwohl sie streng war. Sie guckte wie eine Möwe, streng und grau. Diesen Blick spüre ich heute noch in meinem Innern. Für meine beiden älteren Brüder war ich nicht nur der Kleine, sondern der Kleinste. Mein Vater ist ein Softie, Harmonisierer und Verdränger. Ich wurde von allen geliebt, war sozusagen in meiner Kindheit der Schönste und Beste, ein Sonnyboy, unverbraucht. Zwischen den älteren Brüdern gab es Konkurrenz heftigster Art, ich als dritter ging positiv vollgefüllt auf. Diese drei Söhne waren in der Umgebung, wir lebten in einem Vorort von Bremen, die Schlauesten. Mein ältester Bruder – auch mein Vorbild – hatte nur Einsen. Schule, Abitur, Doktor, Professor, immer Eins. Der andere war brüchiger. Ich war nicht mehr so wichtig. Die Dreier-Konstellation spielt eine wesentliche Rolle in meinem Leben.

Ich wurde nicht verunsichert, nicht verlassen, bin dadurch gefühlsmäßig stabil. Darauf beruht meine positiv gestimmte Grundeinstellung.

»Du bist leicht zu handhaben«, das hörte ich von meiner großen Liebe. Die ersten Brüche kamen in der Pubertät. Ich opponierte gegen dieses Behütetsein, wollte etwas anderes. Das ist normal in der Entwicklung.

Mein Verhältnis zu Mädchen, das Hinwenden, Erobern, Sichverlieben, Ausprobieren, das ganze Register der Pubertät war für mich unerlaubt, eine Übertretung. Ich glaube nicht, daß meine Eltern so dachten. Für mich war meine erste Nachbarschaftsliebe, da war ich fünfzehn, sechzehn Jahre alt, eine heimliche. Ich verleugnete sie und griff im Alltagsleben zu Notlügen, insbesondere meiner Mutter gegenüber. Heute erkläre ich mir das so, daß die damit verbundene Ablösung von ihr als Gefahr gesehen und von mir auch hineininterpretiert wurde, meine Mutter betrogen zu haben. Das heißt: Mein erstes Liebesverhältnis war von Unehrlichkeit begleitet und schlechtem Gewissen, das Triebhafte war natürlich sehr stark, und wie wir alle wissen, ist es immer stärker als jedes Verbot.

Ich glaube, daß mich dieses unaufgelöste erste Verliebtsein irgendwie begleitete. Das passiert häufig in der Pubertät, wo Unsicherheit sowieso da ist beim Zugehen auf das andere Geschlecht.

Ein Beispiel: Als die Eltern abends weg waren, wagte ich es, die Freundin reinzulocken. Zum ersten Mal in meinem Leben faßte ich an eine weibliche Brust. Und diesen Griff fühle ich heute noch. Als ich am nächsten Morgen zur Schule fuhr, dachte ich, die Hand müßte mir abfallen. Ich hätte mich doch freuen müssen … Und jede Fünf in Latein war die Strafe dafür, daß ich so etwas mache. Das in meinem fünfzehnjährigen Hirn! Diese ganze Widersprüchlichkeit. Das Einlösen von Vorurteilen, die ich von der Straße her kannte, vom Turnverein, die ganzen Zoten, Sexualität, Weiber, schlecht. Dieser Muspott, in dem da rumgerührt wurde, dieser Suppentopf von Vorurteilen – er ist sehr alt, kommt aus der bürgerlichen Welt. Interessant, daß ich genau den gleichen Topf aufgemacht habe.

Ich nahm mir immer mehr Freiheiten. Im Lügen wurde ich immer geschickter. Die Mutter warnte davor, daß die Mädchen nur das Eine wollen, nämlich ihr die wunderbaren Söhne wegschnappen.

Sexualität war etwas Tolles, die Verbote ebenso. In der Schule war das natürlich *das* Thema. Petting, all die Sprüche, Knutschparties, wer mit wem, manche verliebten sich auch ernsthaft. Aber meistens ging es darum, ob man ran kam. Ich gehörte nicht zu den Prahlern.

Irgendwie war ich zurückhaltend und wies andere zurecht, die allzu zotig rumquatschten. Heimlich wünschte ich mir das, womit die prahlten. Ich hatte einen Vorteil, weil ich mit dem Mädchen aus der Nachbarschaft schon einmal geschlafen hatte. Um ehrlich zu sein, die Initiative ging von ihr aus. Dieses erste Mal behielt ich aber für mich, dachte, laß die mal reden und prahlen, ich hatte es erlebt und fühlte mich sicher.

Im Sportverein gehörte ich zu den Besten, war schnell, wendig, gut drauf, Handball und Faustball, in den fünfziger Jahren war das neben Fußball der Massensport proletarischer Kreise. Auf dem Gymnasium spielte man nicht Fußball.

Ich war hofiert, auch von den Mädchen. Wenn du gewinnst und die Mädchen am Rande des Spielfelds mit ihren raschelnden Petticoats stehen, dann ist das einfach wunderbar. Es gab Turnerbälle, reges Vereinsleben in Bierzelten, Mädchen, mit denen man tanzen, knutschen und rausgehen konnte – das waren Möglichkeiten. Aber mengenmäßig hatte ich nicht so viel Erfolg. Irgendwie waren mir Sport und Biertrinken wichtiger. Mein inneres Gefühl sagte mir: So erfolgreich bist du nun eigentlich nicht als Jäger und Sammler, eigentlich bist du ein bißchen zu kurz gekommen.

Ich gestand mir nie richtig ein, daß ich mich in das Nachbarmädchen verliebt hatte. Und dann verknallte ich mich zum ersten Mal richtig – eigentlich war es die zweite große Liebe. In meinem damaligen Bewußtsein aber die erste, eben weil ich die andere verleugnet hatte. Der Konflikt wurde schnell gelöst, fortan gab es nur noch die Neue, eine Arzttochter, die auch in mich verliebt war, aber ich glaube, ich mehr in sie. Da wußte ich, was Liebe ist. Wunderbar war das. Durch alle Höhen und Tiefen. Die war herzeigbar, durfte zu uns kommen.

Aber bis zum Abitur – das war ein ungeschriebenes Gesetz – gingen Gymnasiastinnen mit ihren Verehrern nicht ins Bett. Wenn man das wollte, mußte man sich woanders umtun, mehr in proletarischen Kreisen. In der Tanzstunde, auf dem Gymnasium, da war alles dicht, die waren ziemlich eisern. Und Mädchen, die es taten, waren eigentlich unten durch, doch insgeheim wurden sie bewundert. Die klassische Doppelmoral der fünfziger Jahre, das mindestens hundert Jahre alte Muster: Sexualität als etwas Niederes, Anrüchiges. So bin auch ich großgeworden.

In meiner Freundesclique interessierten wir uns dann mehr für Kunst, Theater, Malerei, malten selbst, machten Musik. Dadurch war das Thema Mädchen etwas abgedrängt. Wir legten uns ein anderes Selbstverständnis zu. Haben wir doch gar nicht nötig, die Kunst bewegte uns. Frauen? Die wurden in die Niederungen verwiesen. Das pubertär Schwärmerische galt dem Höheren.

Jetzt kommt der Bruch. Ich wurde in der Schule schlecht und mußte schließlich aufgrund mangelnder Leistung das Gymnasium nach der zwölften Klasse verlassen. Das war ein tiefer Fall. Kein Abitur, wo alles doch so hoffnungsvoll und gut begonnen hatte. Im nachhinein begründe ich das auch mit meiner berechtigten Renitenz. In der damaligen Zeit durfte man beispielsweise nicht einmal mit Jeans in die Schule kommen. Das ließ ich mir nicht bieten, ich war sehr freiheitsliebend. Heute weiß ich, daß ich immer Autoritätskonflikte hatte. Das mag auch mit der unausgesprochenen Abnabelung von der Mutter zu tun haben.

Wie dem auch sei: Ich stand auf der Straße und fühlte, du bist gar nichts. Mit meinen ganzen Talenten konnte ich nichts anfangen. Das Liebesverhältnis war auch nicht mehr haltbar. Der Arzttochter wurde nahegelegt, daß es besser wäre, auf Distanz zu gehen. Der hoffnungsvolle junge Mann hatte versagt, von dem war zunächst einmal keine gutbürgerliche Ehe zu erwarten. Sie konnte nicht mehr zu mir halten, weil ich sozial runtergefallen war. Ich war bitter enttäuscht, als sie mich stehenließ. Das stand so dick im Raum, daß ich nicht einmal um sie gekämpft, sondern mir gesagt habe: Die können mich mal.

Das heißt aber auch, daß ich diesen Vorgang als soziales Gesetz anerkannte und mich wegschlich. Meine Eltern waren großartig, fingen mich auf und unterstützten mich. Mein Vater, der einst auf der Hochschule seinen Bauingenieur gemacht hatte, kümmerte sich um eine Lehrstelle als Tischler. Eine gute Entscheidung, da Architektur mein Wunsch war. Bei aller Depression war das für mich ein gangbarer Weg und Ausweg. Eine Anekdote über mein damaliges Gefühl: In der Frühstückspause mußte ich Milch und die Bildzeitung für die Gesellen holen. Ich ließ meine Arbeitskleidung an der Tür zurück und dachte nur, hoffentlich sieht mich keiner. Ja, es war soziale Scham. Bis zur nächsten Umbruchphase: Ich stand dazu, war motiviert, die soziale Leiter hochzukommen, ging auf die Fachhochschule.

Da lernte ich eine Frau kennen, in die ich mich verliebte. Die hatte das Problem der vermeintlichen sozialen Ausgrenzung überhaupt nicht. Das interessierte die gar nicht, die ist mit mir durch dick und dünn, hat alles mitgemacht. Neben der proletarischen Seite, mit Temperament und Lebensfreude, war auch das Schöngeistige, das Hehre, Höhere da. Diese Frau gab mir ein bißchen Nachhilfe, die war rundherum gut. Nachdem wir miteinander geschlafen hatten, begann ein wunderbares Liebes- und Sexualleben. Sie ging bei uns zu Hause ein und aus, übernachten war nicht drin, das war klar. Sie war überall beliebt, wir als Paar waren ebenso beliebt. Als sie wegen einer weiteren Ausbildung die Stadt wechselte, tat das der Beziehung keinen Abbruch. Wir schrieben uns schränkeweise Liebesbriefe. Ich habe sie nie betrogen. Nie. Nach zwei, drei Jahren heirateten wir. Ich ging von einer Aufgehobenheit in die nächste, von einer Geborgenheit in die andere, von der Familie zur Frau. Da war ich Mitte Zwanzig.

Eine neue Lebensphase begann. Wir gingen gemeinsam nach München, studierten gemeinsam, waren immer zusammen. Andere Frauen fand ich auch toll, es hat mich aber nicht interessiert, das auszuleben. Ich hatte keinen Mangel an mir entdeckt. Zehn Jahre lang hatte ich keine Sehnsucht nach einer anderen Frau, auch keine Phantasien in dieser Richtung.

Das politische Klima veränderte sich in den sechziger Jahren, meine eigene Politisierung begann. Jeder redete über die sexuelle Befreiung. Wir nicht. Man bewunderte uns als ideales Paar, weil wir geistig wie körperlich miteinander konnten, vital und ineinander verliebt waren.

Dann hatte sie einen anderen. Ich dachte, das gibt es doch nicht!

Heute interpretiere ich das so, daß wir in der Zeit alle unter dem Druck der sexuellen Befreiung standen. Dieses Gefühl war übermächtig. Damals war ich schon so bewußt, das im Zusammhang zu sehen. Habe es aber nicht tolerieren können und fiel zurück in die Rolle eines eifersüchtigen Mannes – Eifersucht als Krankheit. Alle Diskussionen hatten wir drauf. Ich wußte, ich kann es mir ideologisch nicht leisten. Es war auch ein Politikum, Eifersucht als bürgerlicher Besitzanspruch war abzulehnen. Ich hätte es auffangen müssen. Aber ich konnte nichts dagegen tun, die Eifersucht blieb. Für meine Frau war klar, daß sie mich nicht verläßt, sondern nur etwas ausprobiert. Ich zog von zu Hause aus. Nach relativ kurzer Zeit waren wir wieder zusammen. Sie hatte mit dem anderen Schluß gemacht. Nach einigen Monaten verliebten wir uns neu ineinander und konnten an die vorige Situation anknüpfen.

Doch es war ein Stachel da, ich dachte, du mußt auch mal ausprobieren, wie es ist, aus dieser Situation heraus mit einer anderen zu schlafen. Ich war inzwischen dreißig und hatte mit anderen Frauen keine Erfahrung. Eigentlich nur mit den beschriebenen drei, naja, ein paar waren noch gewesen. Kurz darauf fährt meine Frau eine Woche weg, und ich verliebe mich. Das war vorbereitet, das Sichöffnen, die Möglichkeit, mir das zu gestatten. Ich gehe aus, mich schauen blaue Augen an, und der Blitz schlägt ein. Ich verliebe mich rauschig.

Wieder eine neue Lebensphase, die des rauschhaften Verliebtseins. Wenn das mit meiner Frau nicht passiert wäre, ich meine das Fremdgehen, könnte ich nicht sagen, ob es so gekommen wäre mit mir. Die Konvention, an die ich mich zehn Jahre gehalten habe, ist das eine. Das andere, mächtigere war die Zeit. Die achtundsechziger Bewegung hat den Boden bereitet. Auch für meine Frau. Bei aller Eifersucht fand ich es ja eigentlich positiv, daß sie sich hat öffnen können, zumal man das von ihr am wenigsten erwartet hatte. Von mir schon eher.

Der Zeitgeist war stärker als die persönliche Bindung. Das Ergebnis war eine Katastrophe. Diese Frau, meine Frau, die ich so sehr geliebt habe, ist so tief gefallen in ihren Gefühlen, war so depressiv, so verletzt, so verlassen – sie war fertig. Und ich sagte mir, das geht nicht, ich kann mich nicht trennen. Es war ein Hin und Zurück, wie im Film. Dieses rauschhafte Verliebtsein in die neue Frau saß dermaßen zentral, daß dagegen kein Kraut gewachsen war, keine bürgerliche Konvention. Die Ehe als Institution ist auch eine Erweiterung der Liebe zwischen zwei Personen. Zwischen Mann und Frau gibt es weitere Anbindungen, die in unterschiedlicher Weise wirken. Da hat man einen Rattenschwanz an Verantwortung Menschen gegenüber, die an diesem »Komplott« teilhaben. Das mußte ich durchstehen. Ich wollte niemanden verletzen. Ich dachte, du kannst die Schwiegereltern nicht vor den Kopf stoßen, die sind gut zu dir, die Eltern, meine Brüder, ihre Geschwister, alle mochten uns. Die ganze Familie sagte, das kann nicht angehen. Recht hatten sie, nein, Hans, sagte ich mir, das kannst du nicht machen, das mit der neuen Liebe.

Jetzt kommt die klassische Geschichte der Liebe, die alle Schranken durchbricht, ein uraltes Thema, immer abgewandelt. Ein Teil der politischen Hinwendung und Aufklärung beinhaltete für mich, daß persönliche Freiheit auch die Einlösung von Ansprüchen im Alltagsleben heißt. Und daß sie mehr wert ist als irgendwelche Institutionen. In diesem Kontext konnte ich meine Trennung überhaupt nur durchstehen. Für mich war das trotz aller Schwierigkeiten eine positive Erfahrung, daß ich zu dieser Möglichkeit von Freiheit ja sagen konnte.

Ich erlebte die endsechziger Jahre auch in anderer Hinsicht positiv. Das Architekturstudium war bis dahin eine auf Einzelbauten bezogene Ausbildung. In dieser Zeit war die Infragestellung gesellschaftlicher Normen ein Thema, das sich durch die Hörsäle zog. Ich nahm Abstand von meinem Studium, widmete mich der Städteplanung: nicht der Wohnungsgrundriß als individuelle Frage, sondern die Struktur einer Siedlung als soziale Aufgabe. Allein hätte ich diesen Schritt niemals gewagt. Diesen Beruf übe ich bis heute aus, verdiene mein Geld damit, habe Erfolg. Er füllt mich aus und spricht mehrere Seiten in mir an.

Das Aufbegehren der Achtundsechziger hat mich zur persönlichen Entfaltung geführt. Schwer belastet hat mich natürlich, daß das auf den Trümmern meiner Ehe, auf dem Unglück meiner Frau stattfand.

Wir ließen uns scheiden. Daß sie daran zerbrochen ist, belastet mich bis zum heutigen Tag. Sie hat auch später nicht die Kurve gekriegt. Ein fröhlicher Mensch, eine blühende Frau, das war einmal. Das sind die Erinnyen (Rachegöttinnen), so nenne ich das, die ich in mir habe. Sie kommen alle, du entgehst ihnen nicht. Als anständiger guter Mensch, als Linker, kannst du nicht ein bewährtes Verhältnis aufgeben, in dem du zehn Jahre glücklich warst. Ich hab's aber gemacht. Warum? Weil ich in eine neue Lebensphase eingetreten bin, vielleicht gehört das zur Persönlichkeitsentfaltung.

Meine rauschhafte Liebesbeziehung hatte eine neue Qualität, die in den siebziger Jahren en vogue war und die wir auch wollten. Wir schwammen im Zeitstrom der aufgeklärten Studenten und jungen Akademiker. Das hieß für uns: Wir behielten unsere eigenen Wohnungen, hatten Verhältnisse, Freiheiten, die enge Zweierbeziehung war nicht das Thema. Es war eine Entfaltung auch für die Partnerin, die in der Frauenbewegung Fuß faßte. Wir beide zogen daraus einen Nutzen für uns, sprachen darüber, setzten es um.

Dann lebte ich in einer Wohngemeinschaft mit zwei Frauen, eine wunderbare Erfahrung – die Erfahrung eines Verhältnisses zu Frauen, nicht Geliebte, nicht Schwestern, sondern Partnerinnen im gemeinsamen Alltagsleben. Solidaritätsgefühle kamen auf. Seitdem sitze ich beispielsweise immer auf dem Klo beim Pinkeln. Das war wirklich ein gleichberechtigtes Zusammenleben. Ich fühlte mich geborgen in diesem großen Liebesverhältnis ohne Sexualität – ein Dreierverhältnis. In diesen sieben Jahren der Gemeinsamkeit entfernten sich die beiden Frauen voneinander, aber nicht von mir.

Die Drei ist gut. Ich liebe Dreierkonstellationen. Jetzt bin ich wieder zu dritt. Eigentlich war ich es immer, auch im Büro. In der Drei suche und finde ich Geborgenheit.

Doch in der rauschhaften Liebe wurde die Drei mir zum Verhängnis.

Wir waren beide erwachsen, auf der Höhe meiner Vitalität. Mein Grundverständnis vom Leben in jener Zeit war, daß es einen unerschöpflichen Pool von Kraft und Energie gibt. In den griff ich und meinte, unendlich viel herausziehen zu können. Ich engagierte mich in allen Bereichen, politisch, beruflich, in Bürgerinitiativen, in der Kneipe, bei den Frauen. Das war das Wesen jener Zeit und des Alters zwischen dreißig und vierzig.

Zum ersten Mal in meinem Leben lernte ich die Fülle der Frauen kennen – und lieben. Ich war begeistert, so etwas Tolles, was die alles zu bieten hatten, wie verschieden sie sind, Sexualität, eine reiche Wiese, auf der ich daherkam. Eine Gratwanderung, die mich an die Nachbarschaftsliebe von damals erinnerte, insbesondere der Mutter gegenüber. Dieses Jonglieren, Rumlügen, das wurde wieder wach und zwangsläufig. Wir hatten ja ein offenes Verhältnis, trotzdem mußte ich das kultivieren. Denn die Offenheit hatte natürlich Grenzen. Gut, es bestand kein Besitzanspruch. Eine unausgesprochene Akzeptanz war da, eine Liberalisierung. Der Seitensprung ist erlaubt, wird gesellschaftlich mitgetragen.

Der Korridor hatte aber seine Begrenzungen in der zu starken und zu häufigen Hinwendung zu anderen Frauen. Diesen Korridor habe ich verlassen. Meine persönliche Sehnsucht ging in Richtung eines polygamen Lebensmodells, in der Praxis nicht durchführbar. Auch darüber wurde in den siebziger Jahren diskutiert, um den zwanghaften Besitzansprüchen zu entgehen. Dieses Modell hat sich nicht bewährt und ist heute gänzlich zurückgedrängt.

Und jetzt komme ich darauf zurück, was ich vorher schon einmal gesagt hatte: Männer sind ganz einfach, sie haben die Psyche von Zwölfjährigen. Die Basis ist das Geschütztsein in einer großen Liebe, erst die der Mutter, später die der Frau. Diese emotionale Sicherheit ist das A und O für mich gewesen. Bei aller Liberalität, Entfaltung, Freiheit, politischem Bewußtsein, ist das der Boden, auf dem ich überhaupt so reichhaltig agieren kann.

Die Konflikte wurden an mich herangetragen. Ich hatte mich ein bißchen verliebt, außerhalb der rauschhaften Liebe, wie ich sie heute noch nenne. Die Konstellation dieser großen Liebe mit dem Aspekt der Geborgenheit – ein bißchen wie in der Kindheit, schon mal streng gucken, aber eigentlich darf der Junge alles – hat mich dazu gebracht. Ich agierte aus der psychischen Sicherheit einer Beziehung und fühlte mich gleichzeitig als Macher: Ich kann mir alles nehmen, was ich brauche, dachte ich. Eine Frau verführen. Oder mich verführen lassen. Nach einer schönen flammenden Rede, die man gehalten hat, wanzt sich schon mal an der Theke ein Oberschenkel ran. All diese Spielarten genoß ich sehr und fühlte mich wohl in dieser Quasi-Dreier-Konstellation. Eine neue Qualität auf klassischer Basis.

Meine Gefühle waren durch die heimlichen Affären nie in Frage gestellt. Sie war die große Liebe und würde es bleiben, das war das erste, was ich den anderen Frauen immer sagte. Sie konnten sich entscheiden, wie sie damit umgehen. Für mich war es kein Problem, und für die meisten Frauen auch nicht. Wie gesagt, in jenen Jahren konnte man offen und frei über alles reden, konnte ehrlich sein. Nur gegenüber der Hauptfrau nicht.

Doch dann bekam die »Hauptfrau« zufällig etwas raus, was ein Tick zuviel war. Knall auf Fall verkündete sie: Jetzt ist Schluß. Ich verstand das überhaupt nicht. Ich hätte mich auch geändert, aber sie verlangte es gar nicht. Sie hat ihren Entschluß nicht mal überprüft, obwohl ich darauf drängte. Die große Liebe sagte einfach: Ende. Aus ihrer Sicht durchaus berechtigt. Ich war beeindruckt. Aus meiner Sicht hatte sie gewonnen. Ich kämpfte nicht um die Frau, sondern sagte mir, Frau weiß, was sie will, und du hast es zu weit getrieben.

Nach einigem Abstand konnten wir über alles reden, taten uns zusammen, um es noch einmal zu versuchen. Damit war eine neue Phase eingeleitet. Ich hatte die Frau verlassen, die der Auslöser für die Trennung gewesen war, worunter die ihrerseits sehr litt. Wiederum ein halbes Jahr später, als alles wieder gut in Gang gekommen war mit der großen Liebe, kam durch Zufall eine lange zurückliegende Geschichte heraus, ausgerechnet mit ihrer Freundin. Es war unsinnig, ohne Bedeutung, doch für sie war damit klar, Hans ist ein Verräter, das ertrage ich nicht mehr, das geht mir zu weit. Diese große Liebe war verletzt und wollte als selbständige, autonome Frau nicht mit solchen Verletzungen herumrennen.

Das erste Mal in meinem Leben lag ich drei Tage im Bett, nun wußte ich, worüber andere reden, wenn sie von Depression sprechen. Ich erholte mich relativ schnell davon, war aufgefangen von Freunden, Kollegen, anderen Menschen. Erst die Eifersucht, dann die Depression. Erst die Ehe, dann die rauschhafte Liebe. Was würde noch passieren?

Nochmals fand Annäherung statt. Und Lösung. Sie fuhr nach Amerika, es war ausgemacht, daß ich sie in San Francisco treffe. Als ich ankam, hatte sie einen Liebhaber, das wurde nicht verschwiegen, sondern war offengelegt. Ich nenne das mal Klarheit. Von ihrer Seite ganz in Ordnung, ich akzeptierte es, weil ich es bei mir auch akzeptiert hatte. Ein intellektueller Kraftakt oder mein Gefühl? Ich glaube, es ist beides.

Grundsätzlich kann ich es akzeptieren, aber mich nicht daran freuen, wenn meine Partnerin Lust mit einem anderen Mann hat. Warum das so ist, kann ich nicht sagen. Ich freue mich doch andererseits von ganzem Herzen, wenn andere Menschen Lust haben, sogar bei meinen Widersachern. Wenn Kohl oder Waigel sich verliebten, na, wunderbar. Aber bei meiner Frau oder Freundin? Ich komme nicht über dic Eifersucht hinweg.

Dann begann eine weitere Lebensphase: Ich suchte mir Geliebte. Und fand sie. Das war nicht mehr vergleichbar mit vorher. Ich war erstmals Single, allein auf mich gestellt, auch emotional, ohne Rückendeckung. Das ist nicht mein Bedürfnis. Ich bin da zu offen, zu verletzlich, fühle mich psychisch nicht aufgehoben wie bei Mutter, Frau, Hauptfrau. Sicher, ich bin gut aufgehoben bei Freunden, auch in meiner Partei, aber das ist nicht der Kern meiner Sehnsucht.

Aufgehobensein – das ist bei einer Frau. Das zieht sich wie ein roter Faden durch mein Leben. Wenn ich eine Geliebte hatte, war das Leben wieder wunderbar.

Mehrere Frauen sind auch nicht schlecht, sind mir eigentlich lieber als eine, aber eine Hauptfrau ist mir das liebste.

Und als mich dann eine Geliebte auf offenem Feld stehenließ, habe ich geschluckt. Aha, so ist das also. Da waren sie wieder, die Erinnyen … Dann passierte das, wovor mich meine Mutter frühzeitig und nachhaltig gewarnt hatte. Genau diese Konstellation hat mich eingeholt. Eine dieser Geliebten ist schwanger! Es war für sie genauso ein Unfall, vor dem die Mütter ihre Töchter warnen. Ich hatte schon gemerkt, daß sie eine patente, praktische, zugreifende, eine tolle Frau ist, die sich sagt, den angle ich mir. Das ist jedenfalls meine Sicht.

Ihr Traum vom Leben war: Heirat, Familie, Reihenhaus am Stadtrand und einen vorzeigbaren Mann. Sie hatte das schon einmal versucht, hatte bereits ein Kind. Der Mann war abgehauen. Für sie war das jetzt die Gelegenheit, die Sehnsucht ihres Lebens zu erfüllen. Tut mir leid, sagte ich, aber das treibst du natürlich ab. Eigentlich war ich immer sehr geschickt in diesen Dingen gewesen, nebenbei bemerkt, und nun das. Innerhalb der Fristenregelung war Eile geboten.

Doch dann wuchs in mir ein seltsames Gefühl heran, das immer stärker wurde:

Ich bin schwanger!

Ich sagte mir, die Frau ist o. k., es ist nicht die große Liebe, sie ist dir nicht so nah, also keine Kleinfamilie, keine Ehe, das läßt sich arrangieren.

Meine alte Tante hat es auf den Punkt gebracht: »Das

geht ja grad noch.« Ich war fünfundvierzig und dachte, wenn du Rentner bist, ist das Mädchen zwanzig. Mir war klar, daß es ein Mädchen wird.

Sie hat das Kind bekommen, ein Mädchen. Beim Anblick des Babys habe ich vor Glück weinen müssen. Aber es war noch etwas: Ich habe die Frau bewundert, weil aus ihr heraus das Kind kam. Daß die das kann! Das zu sehen, war ein Urerlebnis. Das hat mich sehr angerührt. Das Wissen um die Dinge ist nichts, das Erleben ist alles.

Dieses Kind hat mich verändert. Ich fühlte mich wie damals in meiner Lehre. Ich war entschlossen, es durchzuhalten, mit voller Absicht, für das Kind. Wir beide, das Mädchen und ich, hatten von Anfang an eine starke Beziehung. Die Kindsmutter ist zu mir gezogen. Wir bauten die Wohnung entsprechend um und richteten sie ein, für die Mutter und unser Kind. Das erste Jahr arbeitete sie nicht. Danach teilten wir uns die Zuständigkeit für das Kind, das ging bestens. Ich schaffte das auch beruflich.

Drei Jahre lebten wir zusammen, ein Rückfall in konventionelle Rollen. Sie, die zupackende Frau, ich, der etwas hilflose Mann, der Vater. Die uralten Rollen im Alltag, alles war moderat, von außen nicht so sichtbar. Das war nicht mein Lebensentwurf, nicht mein Ziel, aber der Alltag, der Alltag … Da kamen Seiten in mir hoch. Für mich war von Anfang an klar gewesen, daß es begrenzt ist.

In dieser Phase ist das zweite Geschlecht in mir herangereift, das der Frau und Mutter. Es ist nicht zu glauben, aber ich bin eine Mutter geworden. Meine jetzige Freundin weiß das. Es ist sehr spannend, was da passiert. Eigentlich bin ich ja ein klassischer Mann, aufgeschlossen und gebildet, aber im tiefsten Innern doch ein Mann.

Die Trennung von der Kindsmutter war beschlossene Sache. Sukzessive hatte ich mich in eine Neue verliebt, meine Jetzige. Die Sexualität mit der Mutter nach dem Kind nimmt dermaßen ab, das Kind legt sich dazwischen, ist zwischen dem Paar im Bett. Auch wenn's nicht da liegt, gefühlsmäßig ist es da. Das Kind bekommt ein Gewicht an Zuwendung und dominiert die Gefühle. Nach einer Entbindung sind die Frauen unbrauchbar für Sex, es läßt nach, das war immer so.

Diese Neue hatte einen anderen Liebhaber, als ich sie traf. Ich wurde sozusagen der Dritte. Wieder mal. Damit kehrte sich in diesem Verhältnis um, was ich früher selber praktiziert hatte. Ich war ein Liebhaber unter anderen. Eine neue Rolle für mich. Sie hatte überhaupt keine Probleme damit. Ich war bereit, das gut auf die Reihe zu bringen. Eifersucht war immer irgendwie da, das kann ich nicht leugnen. Wenn sie mit glücklichen Augen von dem anderen kam und dann noch mal glücklich mit mir war, akzeptierte ich das und konnte auch empfinden, daß sie mehr Glück hatte als ich. Aber gefühlsmäßig ist das Teilen von Geschlechtlichkeit zu viel für mich. Da fokussiert sich etwas, es bleibt widersprüchlich.

Wir sind seelenverwandt, arbeiten auch zusammen, ein tolles Gefühl, gemeinsam etwas zu produzieren. Es hat dazu geführt, daß wir immer lieber zusammen waren. Der Hauptliebhaber hat das auf Dauer (es ging über drei Jahre parallel mit mir) nicht ausgehalten. Ich kannte ihn, verstand mich gut mit ihm. Von außen sind wir bewundert worden für unseren Umgang, die Auflösung der Rivalität. Es war eine Dreierbeziehung. Wir sind sogar in einer größeren Gruppe zusammen verreist. Da war klar, daß er den Hauptplatz hatte. Über die Zeit verwischte sich das, auch für sie. Ich avancierte zum »Haupt-Mann«, ging als »Sieger« hervor.

Die Kindsmutter wußte davon. Sie litt, weil es keine Chance mehr gab, mit mir ihr Lebensmodell zu verwirklichen.

Wir trennten uns sehr zivilisiert. Und von ihrer Seite aus wieder sehr geschickt. Sie fand ganz in der Nähe eine Wohnung. Ich half ihr beim Ausbau und der Finanzierung. Ihre Zukunft war unsere gemeinsame Sache. Eigentlich ist sie fein raus. Im nachhinein sagt sie das auch, unser Verhältnis ist gut, war es schon ziemlich bald durch die Distanz. Unsere Tochter kennt nichts anderes als zwei Wohnungen, zwei Leben. Das eine bei mir mit der Neuen, das andere bei der Mutter mit wechselnden Liebhabern. Für die Tochter ist das akzeptabel. Während meine Neue schon wichtig und auch von ihr akzeptiert ist. Trotz allem: Die Sehnsucht dieses Mädchens bleibt. Die Eltern sollen zusammen sein, darüber reden wir auch.

Die Neue wurde zu meiner Jetzigen. Die anderen Liebhaber bröckelten ab, vor einem Jahr zog sie zu mir. Wir sind ein großes Liebespaar und leben in einer Wohngemeinschaft, das haben wir in einem Gespräch wunderbar geklärt. Zur Tochter sagte sie: »Ich wohne jetzt hier, bin mit deinem Vater zusammen, weil wir uns lieben, und dich liebe ich auch. Wir drei sind hier gleichberechtigt.« Für die Tochter ist das zu akzeptieren. Mama ist Mama, Papa ist Papa und die Freundin ist Freundin, mit der man hübsche Sachen machen kann, sich verkleiden, schminken zum Beispiel. Nach meiner Beobachtung besteht keine Konkurrenz zwischen der Kindsmutter und meiner Jetzigen.

Mit dem Kind und meiner Freundin bin ich wieder monogam geworden. Sexuelle Phantasien über Frauen, ja, diese Triebhaftigkeit hat mich durch alle Phasen meines Lebens begleitet, aber die Ausprägung ist sehr unterschiedlich. Ich frage mich, was will ich mehr? Meine Tochter ist unter der Woche bei mir, weil die Mutter berufstätig ist und viel unterwegs. Da schränke ich meine Arbeit in Hinblick auf die notwendigen Bedürfnisse der Organisation des Alltagslebens mit dem Kind ein. Ich mache alles, wasche, wische, schmiere Pausenbrote, bringe sie hin und hole sie ab. Nachmittags um fünf bin ich zu Hause, meine Tochter hat eine Tagesmutter mit gleichaltrigem Kind, das ihre Freundin ist. Die Kinder gehen in die selbe Klasse, spielen sowieso zusammen, essen zusammen. Ich bezahle alles. Von Freitag bis Sonntag ist die Tochter bei der Mutter. Die fühlt sich manchmal als schlechte Mutter, denn irgendwie hat es sich für sie wiederholt. Ihr erstes Kind lebt seit dem sechsten Lebensjahr beim Vater, das zweite ist gleich verteilt bei Vater und Mutter. Sie ist die, die nach außen hin weg ist. Die Rollenklischees sind umgekehrt. Ich bin immer verfügbar, verzichte auf manches, gehe beispielsweise nur noch selten zu Abendveranstaltungen. In einem Alter zwischen dreißig und fünfundvierzig hätte ich das nicht ausgehalten. Ich bin zwar ähnlich engagiert wie damals, wenn auch auf anderen Feldern, aber ich kann sehr gut zurückstecken für die Tochter. Ich weiß, daß ich nichts versäume, wenn ich irgendwo nicht hingehe. Es gelingt mir, sowohl beruflich als auch gesellschaftspolitisch dranzubleiben.

Ich bin eine gute Mutter, so heißt es, und so ist es. Das liegt bei mir fundamental an der Tatsache, daß ich die Tochter für das verlängerte Wochenende los bin und sie auch innerlich total loslasse.

Ich bin der Favorit, der Spielvater, der sich etwas einfallen läßt. Die Pflichten erledige ich nebenbei. Bei mir ist das Kind im Manne erwacht. Ich darf wieder spielen. Wir gehen auf Entdeckungsreise im Viertel, ins Puppentheater, ins Museum, sehen plötzlich Denkmäler, die ich jahrelang übersehen habe.

Heiraten und ein weiteres Kind mit meiner Jetzigen? Nein, das schaffe ich nicht mehr. Und die Gefahr, daß ich gegen meinen Willen noch mal Vater werde, ist nicht gegeben, da sie keine Kinder will.

Männer sind im allgemeinen große Verdränger. Für mich läuft es immer positiv. Ich habe das Glück, Erfahrungen konstruktiv wenden zu können, ich falle immer auf die Füße. Das angehängte Kind zum Beispiel war ein Glücksfall für mein Leben, für den ich der Kindsmutter bis heute dankbar bin.

10

»Zwei Jahre nach der Trennung sortierte ich nicht, sondern nahm alle, die sich mir boten. Wenn es sich schön anfühlte, ging ich mit.«

Fridolin W., 34 Jahre, Heilpraktiker, unverheiratet, keine Kinder

Wieviele Frauen geliebt? »Drei. Nein vier, eine Jugendliebe muß man noch dazu zählen. Also ein Mädchen und drei Frauen.« Mit wievielen geschlafen? »Ehrliche Schätzung ist fünfundsiebzig. Stimmt nicht. Ich glaube, ich habe bei fünfundsiebzig aufgehört zu zählen. Irgendwann mal war es ein Hobby zu zählen, und das ist ein paar Jahre her, also um die hundert.«

Mediterraner Typ, mit feurigen Samtaugen, gelebtem Gesicht. Flexibel, intelligent und wach, macht eine gute Figur in Stadt und Land und auch am Strand von Griechenland.

Hätte ich meine Pläne verwirklichen können, wäre ich wahrscheinlich seit einer Woche verheiratet. Daß es dazu nicht kam, hatte rein pragmatische Gründe. Ich konnte mich von der Kloschüssel nicht trennen.

Meine Liebe, ich nenne sie Elvira, flog letzten Donnerstag nach Griechenland und hatte damit entschieden, von mir zu gehen, aus guten und schlechten Gründen. Innerhalb des psychosomatisierenden Menschen sehe ich den Zusammenhang zwischen ihrer Entscheidung und meiner Krankheit. Eigentlich hatte ich vor, mich heimlich einzubuchen, mitzufliegen, ihr im Flugzeug hochdramatisch einen Heiratsantrag zu machen und uns dann vom Piloten trauen zu lassen. Nachdem ich sämtliche Szenen erfunden hatte, hundert rote Rosen, was weiß ich, erschien mir das Mitfliegen als die beste. Aber ich sehe ein, daß es eine dumme Idee war.

Eigentlich muß man den Kontext der ganzen Geschichte wissen. Wir sind uns vor zwei Jahren an meinem Geburtstag, in den ich reingefeiert hatte, im Warteraum eines Flughafens erstmals begegnet. Ich starrte nach einer durchzechten Nacht sozusagen im Ernüchterungsrausch hohl umher und fiel in blaugrüne Augen hinein. Ich blieb in diesen Augen hängen. Zehn Sekunden, zwanzig Sekunden, eine Minute, drei Minuten. Und die Augen guckten zurück. So, jetzt reicht's, dachte ich und las. Sie fiel mir wieder im Flugzeug auf, dann bei der Gepäckausgabe in Athen. Ich war auf dem Weg zu einer österlichen Hochzeitsfeier meiner griechischen Cousine. In Athen stieg das Augenpaar aus, ich flog weiter nach Kreta.

In den vier oder fünf Tagen in Griechenland, daran erinnere ich mich noch, träumte ich nicht nur von ihren Augen, die immer präsent waren, ich hatte auch noch ihren Geruch in der Nase. Ich dachte: Du bist wahnsinnig oder du bist verliebt. Ich begann darüber nachzudenken, wie ich irgendwelche Freunde bei der Lufthansa überzeugen könnte, mir Auskunft über sie zu geben. Dann kam ich auf die Idee, eine Geschichte zu erfinden: Sie hätte eine silberne Klangkugel fallen lassen, die ich ihr wiedergeben möchte. Dazu würde ich einen Brief schreiben und mich dafür entschuldigen, daß ich darin die einzige Möglichkeit sah, sie wiederzufinden.

Auf dem Rückflug nach Athen war es stürmisch, so daß ich erst eine halbe Stunde vor dem Weiterflug ankam. Dann kam sie, noch später als ich. Das war wirklich Zufall. Sie erkannte mich wieder, ich ging erst mal einen Cognac trinken. Da war mein ganzer wunderbarer Plan dahin.

Ich mußte sie ansprechen.

Der Plan war so schön gewesen, als Mann hat man mehr Freude an Plänen als an der Wirklichkeit. Deshalb der Umweg an die Bar. Ich sprach sie nicht im Warteraum an. Dann war dieser wunderbare Sturm. Sie saß zwei Reihen hinter mir im Flugzeug und stierte gebannt in ihr Buch, während ich zwischen Lesen und Schlafen überlegte, ob ich jetzt endlich aufstehe oder nicht.

Aufstehen war eigentlich nicht möglich, da wir wegen des Sturms angeschnallt bleiben mußten. Lange Geschichte, kurzer Sinn. Nach der Landung bei der Gepäckausgabe lief ich auf sie zu, entschuldigte mich für mein Ansprechen und sagte: Ich träumte so häufig von Ihren Augen, daß ich Sie jetzt gern zum Essen einladen würde. Sie hatte keine Zeit, erzählte, daß sie weiter muß nach Stuttgart, wo sie lebt und Kunsttherapie studiert. Sie gab mir ihren Namen und ihre Telefonnummer mit der Bemerkung, sie doch mal anzurufen.

Was ich zwei Wochen später tat. Ich würde Sie gern auf einen Kaffee am Sonntagnachmittag besuchen. Es war ihr recht. Ich fuhr zu ihr und wir verbrachten einen wunderschönen verliebten Nachmittag. Da wußte ich: Sie hat nicht nur schöne Augen, sondern auch ein schönes Gesicht, einen schönen Hals, und das Gespräch mit ihr löste vielschichtige Resonanz aus. Manchmal gibt es die nur auf körperlicher Ebene, weil du nur angemacht bist, diese Geruchsstoffhormonjagdgeschichte …

So wie an diesem Nachmittag hatte ich seit langem, genau gesagt seit meiner Trennung vor drei Jahren, nicht mehr gefühlt. Dazu blühten die Magnolienbäume. Ich wollte einen Zweig für sie abbrechen, ließ es aber und sagte: Ich schenke ihn dir lieber im Herzen. Sie hatte mir gleich erzählt, daß sie in Griechenland bei einem Mann war, der beim Militär für ein oder zwei Jahre gebunden ist. Den sie so sehr liebte, daß sie ein Jahr Zölibat hinter sich hatte und ein halbes Jahr Krankheit. Dann stellte sie fest, daß – obwohl (oder weil) sie mich sehr mochte – ich ihr sehr gefährlich sei. Ich fuhr sie nach Hause und bin zurückgefahren nach München.

Wir telefonierten noch ein paarmal. Sie wollte sich melden, hat sie aber nicht. Also fuhr ich bei ihr vorbei und stellte einen kleinen Magnolienbaum vor ihre Tür. Einen Tag später schickte ich einen Brief mit Karten für die Bahn und für ein Konzert in Heidelberg. Der Platz neben mir blieb leer. Am nächsten Tag rief sie mich an und teilte mir mit, daß sie den Brief verbrannt und die Karten in den Fluß geschmissen hätte. Damit war es beendet.

Ich konnte nichts ändern, habe drei Tage gejault und dann gedacht, daß sich der Frühling noch wunderbar frühlingshaft anfühlt. Ich fand meine gute Laune wieder und brachte mich fröhlich-verliebt durch den Sommer mit verschiedenen Affären, genau gesagt mit dreien. Elvira hatte ich völlig vergessen. Sie war aus meinem Raum hinausgegangen.

Im November, als ich geschäftlich in ihre Gegend kam, rief ich sie an: Ich möchte gucken, in wen und in was ich vor einem halben Jahr so sehr verliebt war. Sie fand das auch spannend und freute sich, daß ich angerufen hatte. Wir sahen uns zum Abendessen. Ich blieb über Nacht bei ihr. Wir haben nicht zusammen geschlafen, richtig schön, eine klassische Liebesgeschichte.

Es gab wieder einige Telefonate, in denen sie mir klarmachte, daß es mit uns nicht geht, da sie dem Griechen versprochen hat, auf ihn zu warten. Ich hatte zu dieser Zeit eine andere Affäre, die mir nicht ganz unwichtig war. Zwischen Elvira und mir war noch immer viel Anziehungskraft, aber nicht mehr die wilde Berauschtheit des Frühlings. Es war herbstlich, aber durchaus noch lebendig und farbig. Irgendwann besuchte sie mich. Und wieder eine gemeinsame Nacht, ohne miteinander zu schlafen.

Inzwischen war Winter. Einen Tag, bevor ich nach Griechenland flog, um meine Mutter zu besuchen, kam Elvira zu mir aufs Land. Wir gingen lange spazieren durch verschneite Winterlandschaft, fuhren Schlitten, gingen gemeinsam in die Sauna. Ich kochte wunderbar, drei Gänge. Und dann haben wir das erste Mal miteinander geschlafen. Am nächsten Tag fuhr sie mich zum Flughafen und ist ziemlich durcheinander gewesen. Anfang Januar kam sie wieder zu mir. Tagsüber lernte ich vierzehn Stunden für eine Heilpraktikerprüfung, die Nächte gehörten uns. Ich schlief höchstens zwei, drei Stunden, um wieder zu lernen. Eine sehr tolle, sehr intensive Zeit, drei, vier Wochen lang. Die Prüfung habe ich bestanden.

Flughäfen und Griechenland ziehen sich durch unsere Geschichte. Anfang Februar brachte ich sie zum Flughafen. Sie würde den Griechen wiedersehen. Ihre Gefühle waren gemischt, sie war sehr am Zweifeln, ob sie überhaupt reisen sollte. Nach drei Tagen kam sie verfrüht mit der relativ klaren Einstellung zurück, daß sie mit dem Griechen sein will, nicht mit mir.

Woraufhin wir ein Abkommen schlossen: Wir leben unsere Liebe – als solche hatten wir sie erkannt und benannt – bis zum ersten Juni. Diesen Zeitraum verlängerten wir gleich auf Anfang August. Es war klar, daß der Grieche Ende August vom Militär entlassen wird. Wir wollten vier Wochen Pause zwischen ihm und mir. Die haben wir nicht eingehalten, aber immerhin zwei Wochen …

Wir feierten einen langen Abschied aufs schönste. Zwischendurch hatte ich noch eine Geburtstagsüberraschung für sie. Ich holte sie ab, sagte nicht, wohin die Reise gehen würde, wir fuhren nach Salzburg zu den Mozarttagen, wohnten in einem wunderschönen Hotel, die Konzerte waren wunderbar. Zwei Tage Salzburg, wo sie eine Erinnerung an einen früheren Liebhaber hatte.

Als es zu Ende ging, flog ich nach Amerika. Mir war klar, daß bei meiner Rückkehr der Grieche bei ihr leben würde. Das war für mich zu diesem Zeitpunkt sehr betrüblich, aber im Rahmen der Abmachungen in Ordnung. Die Abmachung war: Kontaktende.

Aus Amerika zurück, fand ich zwei Briefe von Elvira. In dem ersten mußte sie noch mal schriftlich feststellen, wie toll ihr das Ende mit mir bekommt. Und zwei Tage danach schrieb sie, daß der erste Brief überholt sei. Es sei doch nicht so toll. Das Ende fiel sehr schwer, und außerdem sei es mit ihrem Freund ziemlich grausam, und ich möge sie bitte auf der Arbeitsstelle anrufen.

Das war ein Hilferuf: Ich mag nicht mehr, aber ich kann mich nicht entscheiden. Einerseits löste dieser Brief bei mir Kampfeslust und Hoffnung aus. Ich dachte, es gibt jemand, um den ich kämpfen kann.

Andererseits sagte ich mir, im Rahmen der Blindheit und der Abmachung, des Selbstbetrugs: Es gibt nichts zu kämpfen, es ist zu Ende.

Ich denke, daß die Trennung meiner Eltern mein eigenes Selbstverständnis zwischen Mann und Frau beeinflußt hat.

Mein Vater ist Deutscher, zehn Jahre jünger als meine Mutter, eine Griechin. Sie lernten sich während des Krieges in Amerika kennen, wo sie beide studierten. Meine Mutter promovierte als Naturwissenschaftlerin. Anfang der fünfziger Jahre zogen sie nach Hamburg. Mein Bruder ist 1952 geboren, ich zehn Jahre später als versuchter Eheretter. Zu Hause sprachen meine Eltern Englisch miteinander. Meine Muttersprache ist Griechisch, meine Sprachheimat ist das Deutsche. In dieser Dreisprachigkeit wuchs ich auf. Vom Lebensgefühl her gefällt mir das Mediterrane mehr als das Deutsche. Ich bin gern in den Ferien in Griechenland, würde auch gern einige Monate ein Projekt dort leiten, aber nicht für immer dort leben.

Meine Eltern ließen sich scheiden, als ich acht Jahre alt war. Ich blieb bei meiner Mutter, der ältere Bruder zog aus. Meine Mutter war total in ihrem Stolz gebrochen, als mein Vater sie verließ. Sie hat nie wieder geheiratet. Im Gegensatz zu meinem Vater, der die dritte Frau geehelicht, drei Kinder und fünf Hunde angeschafft hat – oder umgekehrt. Ich habe die Verletztheit der Mutter erlebt, den Aufbruch des Vaters in die Fruchtbarkeit mit neuen Frauen, und mich gefragt: Wie ist die Synthese daraus? Wie kann man es machen, daß es nicht zu einer Lebensstagnation führt? Und auf der anderen Seite: Wie kann man leben, ohne getrieben zu sein? Als Kind war mir völlig klar, daß Vater und Mutter ganz verschiedene Welten verkörpern und daß beide etwas Wesentliches, Wertvolles haben. Ich meine nicht das Gebrochene – was ich wertvoll fand bei der Mutter, das fand ich tragisch – sondern diese Eindeutigkeit.

Vater und Mutter in mir, das ist eine Mischung aus freiheitsuchender, freiheitliebender und sehr treuer, verbindlicher Seele.

Heute weiß ich: Ich hätte nicht auf die beiden Briefe reagieren sollen, die mir Elvira nach der abgemachten Trennung geschickt hat. Ich hätte den Kontakt abbrechen müssen und ihr klarmachen: Wir können uns erst wiedersehen, wenn du frei bist. Ich hätte warten müssen, bis sie selber ihr Problem löst.

Als der Grieche zwischendurch heimflog, kam sie zu mir. Wir waren völlig innig miteinander. Das zog sich über eine Woche hin. Als er wiederkam, trennten wir uns wieder. Allerdings mit dem von mir ausgesprochenen Wunsch: Ich will mit dir sein. Und sie sagte: Ich kann mir vorstellen, mich von ihm zu trennen. Das war das erste Mal, daß sie das vehement aussprach.

Soweit ich die Geschichte kenne, erzählte sie von mir und ihren Trennungsabsichten. Der Grieche unterstellte ihr Angst vor einer Beziehung, meinte, sie sei beziehungsunfähig, woraufhin sie zwei Tage lang in eine Depression abstürzte. In ihrer tiefen Verzweiflung schrieb sie mir den schönsten Liebesabschiedsbrief, den ich je erhalten habe. Lustvoll und leidenschaftlich, eine Liebeserklärung. Ungefähr so: Nachdem ich versuchte, mich von ihm zu trennen und sah, ich stürze in einen Abgrund, muß ich dich töten aus meinem Leben und dir meine Krallen ins Fleisch schlagen, und hoffentlich überlebst du das. Du könntest diesen Brief als Hilfe-rette-mich verstehen, aber verstehe ihn nicht so, das ist jetzt wirklich der letzte Kontakt.

Trotzdem: Ich wollte Kontakt mit ihr aufnehmen, wußte aber nicht wie. Ich wollte keinen Brief nach Hause schicken, wo er wohnte, wollte keine unnötigen Dramen auslösen. Ich hatte den anderen auf eine Weise für mich negiert, aber ihn als ihren Raum geachtet, habe mich in diesen Teil ihrer Innenwelt nicht eingemischt. Ich schickte einen neutral aussehenden Geschäftsbrief, in dem ich sowohl ihre Entscheidung in dem gesamten Kontext und noch einiges andere anzweifelte und sie bat, diesen Entschluß – obwohl ich sicher nicht daran sterben werde – zu überdenken, denn das Ganze sähe mir doch mehr nach Freitod aus oder wie ein Tiger im Käfig. Ich bin dem Tiger in freier Wildbahn begegnet und möchte ihm auch in Freiheit wiederbegegnen, nicht den Käfig öffnen und Wächter sein. Dann war Ruhe.

Das Perverse an den Abschieden war ja immer wieder, daß sie nicht wahr waren. Durch bestimmte Einsätze – am Anfang noch ohne Beziehungshoffnung – konnte ich immer wieder Kontakt herstellen, sehr stark und sehr lebendig.

Ich nahm während dieser Zeit an einem Fortbildungstraining teil. Am Ende stand ein Nachmittag der Stille, des Schweigens und der Abschiedsworte, ein indianisches Ritual. In diesem Raum tauchte Elvira extrem in mir auf, war präsent. Es war wieder kein klarer Abschluß gewesen, sondern die Doppelbotschaft, die ich so oft erlebt habe, Abschied mit neuer Einladung zum nächsten Abschied.

Also rief ich an und erfuhr, daß sie in Hamburg ist. Detektivisch spürte ich sie auf. Sie war überrascht und erfreut, daß ich es war. Alles war ihr zu viel, das Studium, die Arbeit, der Grieche. Sie meinte: »Entweder werde ich todkrank oder ich haue ab.« Als sie dann allein auf eine Insel in der Ostsee fuhr, kam bei mir eine große Freude auf, weil sie weder zu ihm noch zu mir gewetzt ist, sondern zu sich selbst.

Mit dieser Gewißheit konnte ich beruhigt zu einem Seminar nach Amerika fliegen. Als ich zurückkam, wollte ich wissen, was ist und was nicht. Sie sagte, daß sich viel verändert hätte, daß sie ihr Studium für ein Jahr unterbreche und erst mal nach Griechenland gehen würde. Mit ihm.

Ich war sprachlos und zutiefst enttäuscht über ihre Entscheidung a priori. Ich hatte geglaubt, sie entscheidet sich für sich. Es gibt psychologische Erklärungen, nachvollziehbare Familienmodelle. Sie hatte mir auch irgendwann gesagt: Er ist der potentielle Vater meiner Kinder, du bist mein Mann. Sie als Frau sucht Geborgenheit, eine Familie. Bei mir hat sie diese Möglichkeiten offenbar nicht gesehen, weil ich zu verfügbar, zu anders bin. Im konventionellen Sinn habe ich die Männerrolle nicht erfüllt, bestimmte Verhaltensweisen nicht gebracht.

Sie ist sechsundzwanzig und war noch nicht verheiratet, hatte zwei, drei langjährige Beziehungen. Es waren

Künstler, auf die sie sich einstellte, denen sie ihr Leben anpaßte. Bei mir hat sie erlebt, daß das gar nicht so sein muß. Und hat sich doch wieder angepaßt. Ihre Stabilität ist ambivalent.

Elvira braucht eigentlich etwas für sich. Das ist auch ein Grund für sie, nach Griechenland zu gehen. Da ist sie in der klassischen Frauenrolle. Das Problem ist, und das kann ich als Halbgrieche beurteilen, daß sie in ihren Gewohnheiten und Handlungen viel zu freiheitsliebend, selbständig und intelligent ist, als daß sie da glücklich werden kann – ohne bestimmte Freiheiten des Tigers einzuschränken.

Ich denke, sie wird schwanger und Kinder kriegen. Das wird sein Plan sein, um sie in die Schwerkraft der Familie einzubinden. Und spätestens nach drei oder fünf Jahren wird sie unglücklich sein. Ich glaube, ich kann das beurteilen.

Denn meine griechische Mutter ist nach dreißig Jahren Deutschland zurückgegangen. Sie ist nicht mehr in der Lage, in Griechenland mit seinen fast mittelalterlichen Strukturen zu leben. Auch Elvira wird dort nicht leben können. Ich gab ihr eine klare Einschätzung der Situation der Frau in Griechenland. Sie wollte nichts davon hören, hat ein idyllisches, einfaches Leben im Sinn. Ein bißchen Handwerk, ein bißchen Kunst, ein bißchen Studium. Obwohl sie nicht Griechisch spricht, glaubt sie, dort ihre Vorstellungen leben zu können.

Ich kann vieles nachvollziehen, da ich in meiner Praxis und in meinem Leben immer wieder Lebensgeschichten höre, die ich verständnisvoll begleite. Ich sehe zum Teil, daß es für sie ein Ausweg ist. Sie hätte es bei mir haben können, nicht, daß ich mich in die Versorgerrolle dränge, das ist nicht mein Film. Aber auf ein Jahr oder auch etwas länger würde ich mich einlassen. Grundsätzlich ziehen mich Frauen an, die kreativ etwas tun, die ein eigenes Leben kreieren, egal, was anfangs dabei verdient wird. Ich lieh Elvira Geld auf ewig, hätte ich auch weiterhin getan. Ich erwarte einen Ausdruck, einen Platz im Leben, alles ist auf Zeit unterstützbar. Ich wäre gern an der Seite einer Frau, die ihre eigene Freiheit lebt. Dazu gehört auch die Fähigkeit, für sich selbst sorgen zu können, denn sonst ist es keine Freiheit, sondern Leibeigenschaft.

Im Ansatz ist das alles bei Elvira da. In ihrem angesteuerten Beruf als Kunsttherapeutin liegen Aufgehen und Erfüllung. Sie hätte in die Welt hinausgehen können, hätte eine private freie Praxis eröffnen oder in jeder Irrenanstalt, in jedem Krankenhaus für Kinder arbeiten können. Nur nicht in Griechenland. Da zahlt keiner etwas für Kunsttherapie.

Ich setzte Elvira nicht unter Druck, und trotzdem kam jetzt für mich wieder dieser Moment des Aufheulens und die Frage: Ist das eine Einladung, um sie zu kämpfen? Ich dachte an die letzte Szene der »Reifeprüfung«, in der Dustin Hoffman kurz vor der Trauung durch ein Kirchenfenster hinabstürzt, um seine Liebe vor der Vernunftehe zu retten. Das war so eine meiner Phantasien. Also rief ich wieder an und bat: Ich möchte dich noch einmal sehen, bevor du fährst. Es war ein merkwürdiges Telefonat, das mit ihrer Weigerung endete und der Begründung, daß ich sonst ihre Entscheidung ins Wanken bringen könnte.

Und dann sagte sie noch: Kann ich dich nach einem Jahr anrufen, wenn ich zurückkomme? Ich hätte nein sagen müssen. Mit dem Nein gäbe es kein Warten mehr, und damit wäre für mich die Sache abgeschlossen.

Statt dessen dachte ich, wenn es bei mir liegt, diese Entscheidung durch irgendeine Handlung umzustürzen, muß ich es versuchen. So kam es zu dieser Idee der Hochzeit über den Wolken, der absurde Versuch, sie von der Absurdität abzuhalten, nach Griechenland zu gehen, um sich mit einem sehr lieben, sehr gläubigen Menschen auf ein Leben einzulassen, das sie meiner Vermutung nach nicht aushält. Durch meine Aktionen und Handlungen habe ich oft genug Zeichen meiner Liebe gegeben und in der Endphase meiner Hoffnung und meinem Wollen einen Ausdruck. Von meiner Seite aus wäre alles möglich gewesen. Ich hätte sie auch drei Jahre fertig studieren lassen und mich umorganisiert.

Dann aber merkte ich: Ich will sie nicht mehr davon überzeugen, daß ich ein liebenswerter Mensch bin. Ich finde, daß eine Frau sich aus eigener Überzeugung hinwenden muß. Daß sie das selbst erkennt und auch gewillt ist, in irgendeiner Form etwas dafür zu tun. Anstatt das nächste Drama zu kreieren, das ich als Aufgabe löse oder nicht.

Im wahrsten Sinne des Wortes bin ich jetzt geläutert und eigentlich damit in Frieden. Ich lebe nicht mehr in dem Gefühl, ich hätte sollen, auch nicht, ich hätte wollen. Es ist interessant, daß ich nach der Darmgrippe und dem hohen Fieber nur noch wenig an sie denke. Ich lasse sie ziehen. Irgend etwas treibt sie dazu, genau das tun zu müssen. Etwas, das ich nicht will. Ich brauche keinen Knast, ich brauche keine Kleinfamilie. Ich glaube an eine Zweierbeziehung, die ausgesprochen ist, aber ich denke auch an andere Lebensformen.

Was ich einfach positiv sehen muß: Elvira hat mein Herz berührt. Im Unterschied zu den kleineren oder größeren Affären nach meiner ersten großen Trennung. Damals hatte ich beschlossen, mich nie wieder durch jemanden so berührbar zu machen, daß ich so verlassen und so verletzt werden kann. Ich baute einen Wassergraben um mich herum, daß es nicht gefährlich wird, eine Sicherheitszone, aber auch einen Kälteriegel. Durch Elvira ist es aufgebrochen, es jault und freut sich des Lebens, es tanzt einfach. Denn sie hat mich nicht zutiefst verletzt, weil keine Lüge im Raum war, kein Verrat, weil im Prinzip von Anfang an alles klar war.

Im Gegensatz zur ersten Trennung kann ich jetzt die Konsequenz ziehen: berührbar bleiben und auch verletzbar und mich über eine Entscheidungskraft der Frau freuen, die unabhängig ist von Aktionen oder Leistungen meinerseits. Die Leichtigkeit hat mich wieder, die Leichtigkeit der frühen Jahre.

Ich war sehr jung, als sich mir die Welt der Mädchen und Frauen auftat. Seit meiner Kindheit verbrachte ich die Ferien in Griechenland bei der Familie meiner Mutter, mit Cousins und Cousinen, Onkel und Tanten. Bevor ein großes Touristenhotel mit dreitausend Betten gebaut wurde, waren maximal zwanzig Griechen an unserem Strand. Der Neubau ging einher mit meiner Frühpubertät. Außer einigen Reitstall-Assoziationen, wie heimlich im Heu liegen und schmusen, Flaschen drehen und knutschen auf Klassenfahrten, hatte ich noch nichts erlebt.

Es war Sommer, und ich war vierzehn. Das Hotel war fertig. In der dazugehörenden Surfschule lernte ich das Surfen und avancierte gleich zum Surfhilfslehrer. Da kamen die Eltern mit ihren Töchtern, ein wechselndes Publikum, so daß ich einen zentral organisierten Zugang zu verschiedenen Affären hatte.

Das erste Mädchen, mit dem ich schlief, hieß Dagmar, eine Holländerin. Sie war so jung wie ich, und für uns beide war's das erste Mal. Sie blieb drei Wochen. In der ersten Zeit hatten wir uns beschnüffelnd verliebt. Es war eine sehr unschuldige Geschichte, tagsüber Spaß beim Surfen, Volleyballspielen. Es entwickelte sich weiter über Disco, heimlich zwei Cola-Rum trinken, nachts bei Vollmond am Strand schmusen und wissen, es endet mit dem Zusammenschlafen, gleichzeitig Angst davor haben. Natürlich hatte man pornografische Vorstellungen, wie es technisch geht, doch die Wirklichkeit war relativ unbekanntes Land, eine Entdeckungsreise.

Das erste Mal war ich so aufgeregt, daß ich gleich einen Orgasmus hatte, während sie mehr mit ihrer Entjungferung beschäftigt war, weil es ein bißchen weh tat. Das Schöne mit Dagmar, deshalb erinnere ich mich daran, war, daß wir genug Zeit hatten, weiterzuspielen. Das erste Mal war nicht gerade berauschend, aber doch sehr entwicklungswürdig. Wir hatten das Gefühl: Es muß irgendwie so gehen, aber so kann es sich doch nicht anfühlen, sonst würde die Welt doch nicht so ein Drama darum machen.

Als sie abfuhr, war ich berauscht von der Idee, das gleich weiterzuprobieren. Da war die nächste, an deren Namen ich mich nicht mehr erinnere. Die Skala der Annäherungen wurde durch die Begrenztheit der Ferien beschleunigt. Was im Schulalltag Monate dauerte, hast du da in drei Wochen gemacht.

Das waren also meine ersten zwei Frauen. Es machte Spaß und war so easy und unverdorben. Ich fühlte mich ganz groß. Dann kamen einige Playboys aus Deutschland angeflogen, Geschäftsleute, von vielen Frauen umgeben. Ich war ihr Surflehrer. In meinem Erleben gab es eine Einundzwanzigjährige, die mit ihnen zusammen war und um mich herum. Innerhalb meiner Kindheit kam ich mir ganz stolz vor. Diese Frau hatte mich einfach nach einem fröhlichen Abend, in dem ich mit den anderen zuviel getrunken hatte, auf ihr Zimmer genommen. Die Gewißheit, daß wir jetzt zusammen schlafen, war sofort da, der verliebt-romantische Unsicherheitsfilm nicht, so daß ich mir verloren vorkam.

Damit hatte ich die kindliche, unschuldige Berührbarkeitsebene, wo man miteinander etwas ausprobiert, verlassen. Einerseits war es natürlich toll im Hinblick auf Trophäensammeln, außerdem war es viel reicher als mit den beiden Mädchen, weil die Frau erfahrener, gelassener, ruhiger war. Andererseits war kein innerer Anschluß da. Es war abgespalten, ein Teil von mir war nicht beteiligt. Obwohl der Liebesakt als solcher o. k. war, hing ich seelisch an der Zimmerdecke und betrachtete uns. Als ich dann noch erfuhr, daß das Ganze aufgrund einer Wette passiert war, die sie dadurch gewonnen hatte, fühlte ich mich gar nicht mehr gemeint. Vorher mit den beiden Mädchen war es ein »Wir«, jetzt war es seelenlos.

Das hat mich ziemlich durcheinandergebracht. Mit diesem Gefühl kehrte ich aus den Ferien heim und fand wieder zurück in die Entdeckerzeit, hatte alle drei, vier Monate entweder keine Freundin oder eine andere. In den Ferien dauerten die Beziehungen eine Woche bis zehn Tage, teils waren es richtig schöne Verliebtheiten. Das andere war genauso stark, die fünfzehn-, sechzehnjährige Geilheit. So kam ich allein in Griechenland – damals zählte ich noch mit – im Alter zwischen vierzehn und achtzehn Jahren auf etwa dreißig Frauen, mit denen ich geschlafen hatte.

Nachträglich sehe ich das als ganz gute Erfahrung, weil ich unterscheiden konnte. Was passiert mit Herz und was ohne? Fühlt es sich warm an, bist du berührt? Oder ist es nur technisch eine gute Kür.

Allen Beziehungen war die erotische Anziehungskraft gemeinsam. Der geistige Aspekt kam hinzu. Aber bald auch das Gefühl, da fehlt auf der einen oder anderen Seite etwas. An diesen Stellen trennte ich mich meistens oder wurde getrennt. Dann traf ich die Frau, bei der sich alles vereinte.

Ich war zweiundzwanzig, sie war ebenso alt. Drei Jahre pendelte ich von Norden nach Süden über achthundert Kilometer, um dann zu ihr zu ziehen. Sechseinhalb Jahre lebten wir zusammen, eine Ehe ohne Trauschein. Als ich dabei war, eine eigene Praxis aufzubauen, unsere Existenzgrundlage sozusagen, hatte die Frau nichts Besseres zu tun, als sich einen Liebhaber zu holen.

Ich wußte davon, natürlich. Es war kein Verrat im Sinne von Nichtgewußthaben, keine Lüge. Aus meinen Liebesgeschichten weiß ich, alles ist möglich, nichts ist moralisch verboten, aber es muß klar verantwortet sein. Im Prinzip weiß ich zu gut, daß es mir genauso passieren kann, mit einer anderen ins Bett zu gehen. Sie beklagte sich, daß ich mich zu wenig um sie kümmere, zu wenig Zeit für sie hätte.

Eigentlich war sie mit ihrem Leben unzufrieden. Sie war von Beruf Hebamme, sechs Wochen Dienst, sechs

Wochen frei. Während meines Engagements hatte sie frei und fühlte sich in der Zeit sehr bedürftig. Außerdem war da die Sehnsucht nach einem Kind, die sie weder sich noch mir eingestand. Im Gegenteil. Sie hatte es fast herausgeschrien: »Nein, ich will keine Kinder!«

Und ein Vierteljahr später ist die Frau schwanger, von dem Liebhaber. Das nenne ich weibliche Logik. Noch ein Beispiel für weibliche Logik: Mann und Frau beschließen die Trennung. Frau sagt: Da wir das gemeinsam sauber hinkriegen müssen, ziehst du zu deinem Freund und zahlst dafür noch die nächsten sechs Monate die halbe Miete weiter.

Statt mir zur Seite zu stehen und mich zu unterstützen, setzte sie sich ab und wollte von dem Liebhaber auch nicht lassen, nachdem ich voll und ganz wieder für sie da war. Ich habe nichts gegen Liebhaber in der Ehe, aber das ging zu weit. Es war nicht Eifersucht, weil ein anderer Mann mit ihr rumvögelte. Ich empfand es als tiefe Demütigung und Verletzung, daß unser Lebensentwurf, die Achtung voreinander, so wenig galten. Von meiner Seite aus war es ein Ja für immer, mit verschiedenen Wandlungsphasen. Es gab auch Dreierbeziehungen, kurz mit einem anderen Mann, kurz mit einer anderen Frau, doch das Ja zueinander blieb bestehen.

Nachträglich kann ich sagen: drei Kreuze. Heute ist sie nicht glücklich mit dem Kind, über das Kind. Und mit dem Mann, der ihrer Meinung nach immer zu wenig gibt. Sie erzieht das Kind gluckenhaft, ist lustlos und freudlos. Manchmal weiß ich nicht, ob es nur wegen der Trennung ist. Aber ich denke, es hat mit ihrer Person zu tun. Daß ich sie sozusagen mit meiner Energie und Leichtigkeit zehn Jahre davon abgehalten habe, so zu sein, wie sie ist. Vielleicht wäre es weiter gutgegangen …

Inzwischen aber bin ich mißtrauisch geworden gegen die Möglichkeit zu sagen: Du kannst gern mit einem anderen Mann schlafen. Und zu fragen: Wieviel Zeit brauchst du?

Ich würde Zeit geben, aber das ist kein Pauschalfreibrief. Dann kann man zwar sagen, ich brauche noch mehr Zeit, oder aber man muß sich entscheiden. Es ist ja nichts Starres, jede Tür ist offen, wenn sie verantwortet ist. Und verantwortet heißt für mich, betrachtet, begrenzt und gefühlt.

Obwohl es mir nach der Trennung beschissen ging, sage ich heute: Es waren tolle Jahre, ich möchte nichts davon missen. Aber erst mal habe ich mir die Wunden geleckt und wollte ein halbes Jahr überhaupt nichts mehr mit Frauen zu tun haben. Nachdem ich dann feststellte, daß mein Marktwert noch existiert, Liebhabereien möglich sind, hat mich das nur wenig interessiert, alles war irgendwie schal.

Bis ich zwei Jahre nach der Trennung schöne Affären leben konnte. Ich hatte für mich sichergestellt, daß alles weit weg von einem Lebens- oder Herzensversprechen liegt. Ich sortierte nicht, sondern nahm alle, die sich mir boten. Wenn es sich schön anfühlte, ging ich mit. Ich merkte schon, daß die Frauen mehr wollten.

Die erste wollte nach drei Monaten Kinder von mir und mich heiraten. Da bekam ich Platzangst.

Die zweite wollte mich nur heiraten. Das war für mich ein Grund, Konsequenz zu zeigen: Ich will dich nicht hinhalten. Wenn das dein Wunsch ist, gehe hin und suche dir einen Mann dafür.

Ich hätte weiter mit ihnen zusammenbleiben können, hätte es aber unfair von mir gefunden, sie von ihren Plänen abzuhalten. Ich machte auch klar, daß ich nicht dazu zu überreden bin.

Die eine hat's weiter versucht, die andere hat's eingesehen.

Mit der dritten bin ich nach wie vor sehr nahe, ohne daß wir noch eine sexuelle Beziehung haben. Die wollte mich weder heiraten noch Kinder von mir, das lag bereits hinter ihr. Die wollte eine intime, ausschließliche Beziehung. Das wollte ich nicht, wegen Elvira, die ich damals gerade kennengelernt hatte. Und als ich es dann wollte, kam Elvira zurück.

Ich erwarte keine Ausschließlichkeit, aber Eindeutigkeit in der Beziehung. Auch von mir.

Ich hatte mich freigemacht für Elvira, hatte aus einem inneren Gefühl heraus meine Affäre beendet. Ich wollte nicht die Geliebten parallel organisieren. Früher gab es das öfter, das ist kein Problem, wenn das Innere nicht berührt ist.

Heute ist für mich so etwas unbefriedigend. Meine jetzigen Bedürfnisse von Geborgenheit und Sicherheit können sich besser auf einem Nährboden entwickeln, der sich stabil anfühlt und nicht wie Treibsand. Wenn es mir um lustige, heiße Rollungen am Sandstrand geht, sind drei Geliebte wunderbar. Wenn es tiefer gehen soll, Wurzeln schlagen, muß ein Garten her und das Pflänzchen begossen werden.

Abgesehen von meiner gerade überstandenen Krankheit, die mich jetzt sowieso davon abhält, auf die Pirsch zu gehen, ist nicht das Bedürfnis da. Es gibt momentan nichts zu jagen, nichts zu sammeln. Es hat sich für mich in Bezug auf Freiheit der Entscheidung etwas geklärt, auch was die Fähigkeit angeht, sich einzulassen und sich zu ändern.

Ich bin bereit für eine erwachsene Beziehung. Es ist eigentlich belebend, auch den Alltag miteinander zu teilen. Wozu ich aber nicht bereit bin: innerhalb der Rollenidiotie einer Kleinfamilie Kinder zu pflanzen. Gegen Kinder habe ich nichts. Ich spüre keine Eile, habe keine biologische Uhr, die abläuft, sondern das Gefühl, mein ganzes Leben dazu in der Lage zu sein.

In meiner langjährigen Beziehung ist mir eigentlich erst hinterher aufgefallen, daß ich Männerfreundschaften fast gänzlich zurückgestellt und meine Frau ebenfalls kaum noch Freundinnen hatte. Diese ganze Beziehungskiste, die man mißverständlicherweise miteinander will – ob man das nun psychologisch aufrollt oder nicht –, wenn das System von vornherein geschlossen ist, bleibt man damit hängen. Es muß die Ebene da sein: Ich werde gewollt und: Ich bin gewillt, ein Stück meines Lebens so zu verändern, um auf dich zuzugehen.

Theoretisch bin ich offen und frei, praktisch denke ich, daß eine Trennung auch bedeutet, bestimmte Fäden, die sich miteinander verwoben haben, wieder zu lösen.

Das nenne ich Heilung nach einer Trennung.

11

»Vielleicht brauchen Männer wie ich den Reiz, nicht alles zu bekommen. Und vor allem dann nicht, wenn sie es wollen.«

Toni S., 49, gelernter Bäcker, Handwerker, heute Modedesigner, zweimal geschieden, drei Kinder

Drei Frauen hat er richtig geliebt. Die Frage nach der Anzahl der Frauen, mit denen er geschlafen hat, lehnt er entschieden ab.

Sonnengebleichte, blonde Locken, blaue Augen, von den Stürmen des Lebens berührtes Gesicht, vital und attraktiv von Gestalt, ehrlich bis zur Selbstgefährdung.

Seit zwei Jahren bin ich in eine Frau verliebt. So sehr verliebt, daß ich fast durchdrehe. Aber nur innerlich, nicht nach außen hin. Und daß ich leide wie eine Sau, wenn sie mich hängenläßt. Aus einem Selbsterhaltungstrieb heraus lerne ich dann andere Frauen kennen. Noch bevor ich etwas Körperliches mit ihnen anfange, was die immer eher wollen als ich, ruft sie mich wieder an und holt mich zurück. Sie riecht das förmlich. Meine Leidenschaft für sie ist ungebrochen, doch ich merke, daß ich langsam nicht mehr kann. Diese Beziehung geht an meine Substanz. Aber vielleicht brauchen Männer wie ich den Reiz, nicht alles zu bekommen. Und vor allem dann nicht, wenn sie es wollen.

Sie weiß nicht, was sie will. So sehe ich das. Ich kann mich ihr erst total öffnen, wenn sie es weiß. Das machte ich ihr gleich zu Anfang klar: Ich will kein Liebhaber sein, sondern alles. Oder gar nichts.

Sie schiebt mich weg, braucht den Abstand, sagt: »Du erdrückst mich mit deiner Liebe.« Und ruft dann wieder an: »Du bist der gütigste Mann, der einzige, der mich versteht. Ich brauche dich, auch fürs Bett ...« Das ist schön. Ich bin für sie der erste Mann, der ihr das Gefühl der körperlichen Freiheit gezeigt hat, bei dem sie sagen und tun kann, was sie will, ohne sich schlecht dabei zu fühlen.

Mit zunehmendem Alter merke ich, wie sich bei mir ein Beschützersyndrom entwickelt. Das hat aber auch mit dieser Frau zu tun.

Früher war ich ein egozentrischer Schweinehund – das stimmt so nicht ganz, den Beschützerinstinkt hatte ich schon immer, aber auch das Bedürfnis nach Freiheit. In brenzligen Situationen bin ich da, aber ich lasse mich nicht mehr einengen. Weil ich so früh eingeengt wurde. Im Heim, in der Lehre, in der ersten Ehe.

Frauen bekamen Kinder von mir (das Kind als Mittel zum Zweck – nicht für meinen, sondern für den der Frauen) –, ich blieb nicht bei ihnen, war einfach zu wild damals, zu beschäftigt mit meiner Arbeit, dem Reisen, mit der Schönheit, den Frauen.

Ich war zweimal verheiratet, jeweils nach der Geburt des Kindes, ja, es waren Muß-Ehen. Ich *mußte* es aufgrund meiner Biografie tun.

In meiner ersten Ehe, ich war zwanzig Jahre, paßte nichts zusammen. Sie war zwei Jahre älter als ich und kam aus dem finstersten Niederbayern. Ich hatte eine Bäckerlehre abgeschlossen, war nichts, hatte nichts. Doch ihr muß ich als der Prinz fürs Leben erschienen sein. Die hat gedacht, der Typ sieht nett aus, ist gut, ist lieb; ich habe ja meine Qualitäten. Dann wurde sie schwanger, und dann kam dieser Spruch: »Ich bin streng katholisch, das Kind wird nicht abgetrieben.«

Ich möchte nicht bitter sein. Ich fand das einfach nicht gut. Ich hatte keine Existenzgrundlage. Ich glaube schon, daß sie mich geliebt hat, aber ich sie nicht. Und vom Intellekt her waren wir total auseinander.

Das Kind kam auf die Welt, ein Junge. Danach heirateten wir, weil ich nicht wollte, daß der Junge unehelich groß wird. Mit dieser Entscheidung schoß ich das größte Eigentor. Mein Sohn entwickelte einen Vaterkomplex, Minderwertigkeitsgefühle. Er verblaßte neben mir. Ich war sehr emotional, zärtlich, körperlich, das war zu stark.

Dieser erste Sohn, inzwischen Ende zwanzig, behandelt mich heute wie seinen Todfeind.

Ich glaube, er ist geprägt von seiner Mutter, die einen tiefsitzenden Haß gegen mich hat. Frauen können – auch schon in der Geschichte, das muß ich leider sagen – endlos hassen. Sie können dir das Liebste vorspielen, um im Moment der Schwäche zuzuschlagen, dich zu vernichten.

Die Ehe war ein Greuel. Sie hat auf Liebe gemacht, ein zusätzlicher Schock. Da ich freiheitsliebend war, ließ ich mich nicht lange reinpressen, bin abgehauen und erst nach zwei Monaten wiedergekommen, und da lag sie mit einem anderen im Bett. Da bin ich sofort gegangen, mit Leichtigkeit, machte kein Theater, sagte dem anderen nur: »Du kannst sie behalten, wirklich gern.«

Erst auf katholisch machen, und dann das, diese Heuchelei, nein, so war ich nie. Ich bin direkt und ehrlich. Das brauche ich für meine Identität. Deshalb bekam ich viel Schläge, aber auch viel Liebe. Entweder schätzen mich die Leute, oder sie hassen mich. Einen Mittelweg gibt es bei mir nicht.

Unsere Ehe dauerte auf dem Papier sechs Jahre, aber abgehauen war ich viel früher. Ich wollte die Scheidung, sie nicht. Dann überschrieb ich ihr meinen Kleiderladen, den ich aufgebaut hatte, mit allem, was drin war. Mit der Verpflichtung, keinen Unterhalt für sie zu zahlen. Nur für den Jungen. Damit war sie einverstanden. Nach zwei Jahren übrigens war der Laden pleite …

Trotz dieser frühen schlechten Erfahrung habe ich nie aufgegeben, an die Frauen, an die Weiblichkeit zu glauben. Geborgenheit finde ich nur bei einer Frau, bei einer guten Frau ... Die Suche nach Geborgenheit und der Freiheitsdrang – dazu braucht es den richtigen Partner.

Nach dieser Ehe lernte ich eine Amerikanerin kennen, ein Top-Model aus Kalifornien mit tausend Mark Tagesgage, das war vor zwanzig Jahren eine Menge Geld. Sie kam aus einem ganz anderen Milieu. Damit öffnete sich für mich eine neue Welt. Eigentlich war ich ja ein kleiner Prolet, im Heim aufgewachsen, früh geheiratet worden, sich allein daraus befreit. Beruflich hatte ich die Bäckerei hinter mir gelassen und mich zum kreativen Handwerker entwickelt, der Klamotten und Schmuck entwarf.

Prolet stimmt so nicht.

Mein Vater war Akademiker und meine Mutter war hübsch und jung und proletarisch. Er war neunundfünfzig Jahre alt, als er meine Mutter mit zwei unehelichen Kindern heiratete. Ich war das dritte, eheliche. Bis zu meinem sechsten Lebensjahr lebten wir zusammen in einem Haus mit Personal. Mein Vater ist in meinen Augen eine absolute Persönlichkeit. Er hat die Mutter aus Liebe geheiratet. Sie hingegen war »von Kopf bis Fuß auf Liebe eingestellt«, dieses Marlene-Dietrich-Lied aus dem Film »Der blaue Engel« hat sie den ganzen Tag gesungen. Meine Mutter hatte Ausbrüche. Wenn sie sauer oder frustriert war, hat sie mir einfach in die Fresse gehauen, eine unkontrollierte, furchtbare Frau.

Sie hat meinen Vater verlassen und ihre Kinder ins Heim gesteckt.

Ich habe meiner Mutter nachgeweint, bis ich zum letzten Mal von ihr verprügelt wurde. Da war ich vierzehn. Sie steckte mich sogar mal in ein Heim für körperlich-geistig Behinderte. Das war in der Nachkriegszeit, da waren die Heime anders als heute. Heim – das bedeutete: Schläge, Bestrafungen, Freiheitsentzug.

Ich war nicht aggressiv, sondern machte total zu. Ich vermißte mein Zuhause, konnte nicht begreifen, daß ich kein Elternhaus mehr hatte.

Meinen Vater hat das nach der Scheidung nicht mehr interessiert. Er hat noch einmal geheiratet und ist mit einer achtunddreißig Jahre jüngeren Frau sehr, sehr glücklich geworden.

Meine Mutter holte mich tageweise aus dem Heim. Ich wurde mit einem neuen Mann in ihrem Leben konfrontiert. Den verachtete ich anfangs, weil er ein Prolet war. Aber später, als ich älter war, sah ich seine Menschlichkeit. Sie hat ihn beschimpft, unter allem Niveau. Von ihm bekam sie einen weiteren Sohn. Da war sie achtundvierzig Jahre alt.

Ich habe keinerlei Kontakt mehr zu meiner Mutter, weiß nur, daß sie heute eine alte Frau ist und im Heim lebt. Sie tut mir nur leid. Ich kann versuchen zu verstehen, warum sie so gehandelt hat, aber ich kann es nicht akzeptieren. Sie war eine egoistische, chaotische Frau.

Zurück zum Top-Model. Diese Amerikanerin hat mir nicht nur eine andere Welt eröffnet, sondern mir natürlich auch Schläge versetzt, allein durch ihre Herkunft und Erziehung. Zwei Welten sind aufeinandergekracht. Aber sie hat mich wirklich geliebt, ich sie auch. Mit ihr habe ich meinen zweiten Sohn. Als sie schwanger war, sagte ich: »Bleib schwanger, ich werde mir die größte Mühe geben, für euch dazusein.«

Nach der Geburt heirateten wir. Das war erstmal gut.

Doch dann machte ich einen Riesenfehler: Sie war eine sehr schöne Frau und von anderen Männern begehrt. Das machte mich fertig. Mein mangelndes Selbstbewußtsein ist in Eifersucht umgeschlagen. Durch meine Eifersucht tyrannisierte, verletzte ich sie. Um mein Selbstwertgefühl zu stärken und mich von der Eifersucht zu befreien, sagte ich mir: Jetzt gehst du und zeigst der Alten, daß du auch ohne sie zurechtkommst. Ich suchte mir jede Nacht etwas anderes, naja, nicht gerade jede Nacht, aber fast ... Hinzu kamen Drogen – Kokain. Das ist lange her, und ich kann nur jedem davon abraten. Du gehst vor die Hunde, du wirst zum Tier. Die Psyche verändert sich. Alles Geld geht dafür drauf. Ich war so gut wie pleite.

Obwohl ich sie liebte, habe ich die Frau irgendwann so schlecht behandelt, daß sie mich verlassen mußte, mit dem Kind. Meine Persönlichkeit war durch die Droge verändert, meine Reaktionen, mein Verhalten waren unnormal, krankhaft. Ich habe sie auch unter Drogeneinfluß geschlagen.

Eines Morgens kam ich nach Hause und sah ganz klar: Die Frau ist total am Ende, ausgemergelt, kaputt. Durch mich. Es war die reine Verzweiflung. Ich hatte gesehen, wie sie kaputtgeht. Sie hat das nicht verdient. Ich wollte, daß sie zu ihren Eltern zurückgeht, ich wollte sie vor mir verschonen, wollte uns voneinander befreien. Besonders das Kind sollte aus meinem Bereich raus.

Sie meinte nur sarkastisch: »Na, hast du gut gefickt?« Ich erwiderte: »Das geht dich gar nichts an. Ich kann nur sagen, wenn ihr in drei Tagen nicht weg seid, bringe ich uns alle um.« Ich gab ihr fünftausend Mark, die ich noch in der Tasche hatte, und ging.

Drei Tage später kehrte ich zurück. Sie und das Kind waren weg, nur noch Kinderspielzeug war da. Ich habe tierisch gelitten, obwohl ich sie selbst weggeschickt hatte.

Nach dieser Trennung wäre ich beinahe verreckt, lag am Fenster, bekam Atembeklemmungen. Ich habe andere damit aber nicht belästigt, habe in mich reingetrauert und mich mit Drogen zugemacht. Ich zeigte damals nicht, was in mir vorging, war Einzelkämpfer. So bin ich aufgewachsen. Im Heim lernst du zu kämpfen, meinst du, da fragt dich auch nur einer, wie es dir geht?

Ein halbes Jahr später, es war Weihnachten, flog ich nach Amerika, stand vor ihrem Elternhaus. Sie sah mich, kam raus: »Wenn du nicht abhaust, hole ich den Sheriff.« Ich denke, es war mehr aus Angst, denn aus Haß. Meinen dreijährigen Sohn sah ich nicht.

Ich ging und ließ ein Jahr nichts von mir hören. Dann flog ich wieder hin. Diesmal trank sie einen Kaffee mit mir, und ich durfte den Jungen sehen. Ja, es war Liebe, immer noch, sie hat mich ungefähr achtzehn Jahre weitergeliebt, aber ich wußte, daß diese Liebe nicht mehr lebbar ist, zu viel war passiert …

Dann war Frieden. Sie besuchte mich jedes Jahr einmal, bis vor zwei Jahren, egal, wo ich war, ob in Spanien oder in Deutschland. Sie hatte vielleicht immer noch Hoffnungen. Wenn sie mich heute anriefe und mich bräuchte, würde ich ohne zu überlegen zu ihr fliegen.

Übrigens, sie ist beruflich wieder sehr erfolgreich geworden. Mein Sohn spielt Basketball, ist groß und kräftig.

Ich glaube nicht, daß sie verstehen kann oder begriffen hat, warum ich mich so abgenabelt habe. Das hängt mit meiner Kindheit zusammen. Wenn eine Sache zu Ende ist, wie die Beziehung zu meiner Mutter, dann ist sie zu Ende, egal, ob ich der Verletzte oder der Verletzende bin.

Ich hätte diese große Liebe nicht mehr anfassen können. Denn angenommen, ich bin zärtlich zu ihr und verlasse sie wieder, hieße das, eine Wunde aufreißen. Wenn ich mit meinem Schwanz in ihren Körper gehe und sie sich wieder öffnet – und das tut sie nicht so einfach nach solchen Erlebnissen –, steckt mehr dahinter. Und wenn ich dieser Erwartung nicht entspreche, verletze ich diese Frau, die ich schon fast zu Tode verletzt habe, noch einmal. Deshalb konnte ich sie nur in den Arm nehmen, nicht küssen, nicht mit ihr schlafen. Aber ich habe ihr immer das Gefühl gegeben, daß ich sie liebe.

Was ist Liebe, kann man das sagen?

Für mich ist Liebe, ganz banal gesagt: Sehen, hören, riechen, fühlen und schmecken. Hinzu kommt die Loyalität, absolutes Schutzempfinden für diese Sinne, die man an dem anderen mag und auch offen zeigt. Die Sinne können im Laufe der Zeit nachlassen, wenn man sich überfrißt, übersieht ..., aber die Loyalität und die Zuneigung nicht. Das nenne ich Liebe.

Man sollte nie vergessen, was war. Besonders wenn man gemeinsam ein Kind hat, denn das heißt ja auch, daß beide Charaktere miteinander verschmolzen sind.

Ein Jahr nach dieser krassen Trennung lernte ich eine andere Amerikanerin kennen, die so aussah wie die erste, aber natürlich anders war. Auch ein hochbezahltes Model. Sie hatte die tollsten Männer um sich rum. Ich war ja nicht doof, nur irgendwie inkompetent in meiner souveränen Entwicklung, ein Straßenköter, spontan und direkt. Und sie war die Lady, upper class aus Los Angeles. Diese Amerikanerin, in die ich mich auch sehr verliebt hatte, war quasi die Aufarbeitung der vorhergehenden Geschichte.

Wir waren vier Jahre zusammen. Diesmal war es umgekehrt. Sie war extrem eifersüchtig, krankhaft war das. Ich kann es verstehen, nur: Wer eifersüchtig ist, ist meistens der Täter. Ich meine, Eifersucht entsteht aus eigener Erfahrung. Ich hatte festgestellt, daß sie mich in ihrer Eifersucht betrogen hat, hatte sie dabei erwischt.

Ich bin der Lebhafte, sie war die Ruhige, die große bedächtige Frau, bis auf die hysterischen Anfälle, da flogen Teller durch die Gegend, andere Frauen bekamen eins in die Fresse ohne Grund. Sie hat immer Theater gemacht. Ich holte sie beispielsweise einmal nicht vom Flughafen ab, wollte sie zu Hause empfangen, hatte gekocht, den Tisch gedeckt, mit Kerzen und allem, denn ich bin auch Romantiker. Sie kam an, war sauer, fragte, warum ich nicht am Flughafen war, ich zeigte auf den Tisch: »Ist mir scheißegal«, sagte sie, packte ihr Zeug und ging ins Hotel. Das machte sie öfter.

Ich liebte sie wahnsinnig und litt wie ein Hund. Aber es hatte keinen Zweck mehr mit uns.

Sie lernte einen wesentlich jüngeren Mann kennen, den sie heiratete. Letzte Woche hat er sie verlassen. Das hat sie mir erzählt, denn wir haben wieder ein freundschaftliches Verhältnis. Sie meinte auch, wenn ich damals eine Therapie gemacht hätte, wäre sie bei mir geblieben. Davon halte ich wenig. Interessant, wie sie das sieht, auch daß sie gegangen ist.

In Wirklichkeit war es so – und das ist fast ein Schema bei mir –, ich habe gesagt: »Drei Tage hast du Zeit, um auszuziehen, ich will nicht mehr.« Das war vielleicht brutal von mir, aber die Wohnung war wirklich meine, sie hat bei mir gelebt. Und sie hatte genug Geld, um etwas anderes finden zu können.

Als diese Beziehung zerbrochen war, vögelte ich, was zu vögeln ging. Da war ich Mitte Dreißig. Jede Frau war einfach nur zum Vergnügen gut genug. Ich hatte keinen Haß, nein, ich bin gern mit ihnen ins Bett gegangen, zwei-, dreimal, dann kam die nächste. In dieser Zeit steckte ich auch viel Energie in meine Arbeit, das heißt, ich baute eine Firma auf, entwarf Klamotten, die ich nähen und vertreiben ließ. Ich gab Vollgas, verdiente jede Menge Kohle und gab sie großzügig wieder aus.

Das entstand aus der ganzen Verletztheit, daß wieder eine Beziehung nicht mehr weitergegangen war, einfach nicht geklappt hatte. Ich dachte: »Leckt mich alle am Arsch. Wenn ich Sex brauche, hole ich ihn mir.« Und da man dafür in unserer Gesellschaft Geld braucht, Luxus, schaffe ich mir das. Natürlich kam ich nur an die Falschen, aber das interessierte mich damals nicht. Ich wollte ja nicht heiraten, sondern nur den Körper genießen und Spaß haben.

Man hat mir vieles unterstellt, auch ich sei schwul. Dabei könnte ich keinen anderen Schwanz anfassen. Ich kann Männer nicht leiden, weil sie ihre Gefühle so merkwürdig darstellen, richtige Machos, nein, ich bin kein Männerfreund.

Ich war ziemlich erfolgreich, aber ich glaube, als Mann bist du nur richtig erfolgreich, wenn du eine starke Partnerin hast. Dann bist du unschlagbar, davon bin ich heute überzeugt.

In der Vergangenheit hatte ich vielleicht nie die richtige Partnerin, oder ich war noch nicht reif dafür.

Jedenfalls habe ich allen zeigen wollen, daß ich was drauf habe, gut im Busineß bin, mit Villa im Grünen, schnellem Auto, Pferd, Parties.

Diese Zeit war nicht die schönste in meinem Leben, sondern die einsamste. Ich hatte zwar immer Leute um mich herum, aber wenn ich mir heute die Videos anschaue, sehe ich, wie unbeteiligt meine Augen waren.

Ich war nicht zynisch, verachtete die Frauen auch nicht, aber ich spielte ein Spiel, und die anderen spielten es mit. Die Männer wußten, warum sie kamen, und die Mädchen wußten es auch. Außerdem gab es immer was zu fressen und zu saufen.

Eines Tages tauchte mein erster Sohn auf. Er wollte ein Jahr nach Amerika als Austauschschüler. Meine geschiedene Frau wollte das nicht. Ich fand die Idee gut, wollte natürlich alles bezahlen. Das war auch eine Möglichkeit, daß er seinen Halbbruder kennenlernen könnte, der damals zehn war. Er flog im Sommer los, ich hörte nichts von ihm. Weihnachten flog ich rüber, um zu schauen, wie es ihm geht, und um beide Söhne zu treffen. Als ich ankam, sah ich sofort, daß es dem Älteren nicht gut ging. Er war bei einer Proletenfamilie gelandet, richtig asozial, die meine Geschiedene ausgesucht hatte. Sie forderten mehr Geld, ich gab es ihnen, um seine Situation zu verbessern, und bat meinen Sohn, mir zu schreiben. Er schrieb nicht.

Im nächsten Frühsommer bekam ich ein Schreiben von einem Anwalt, der mir mitteilte, meinen Sohn nach der »Düsseldorfer Tabelle« zu vertreten: »... Ihr Sohn schätzt sie auf ein Nettoeinkommen von jährlich fünfhunderttausend D-Mark.« Und dann folgte ein Katalog mit Ansprüchen und Forderungen.

Daraufhin rief ich ihn an: »Ich wußte nicht, daß du schon zurück bist. Wieso gehst du zum Anwalt? Wir sind eine Familie, du kannst alles haben, was ich habe.« Ich hätte ihm alles gegeben, wollte ihn verwöhnen, eben weil ich es hatte.

Und dann sagte er zu mir etwas, das ich nie vergessen werde, bis an mein Lebensende nicht, ich möchte ihn nicht mal auf meiner Beerdigung wissen: »Mit einem rauschgiftsüchtigen Alkoholiker rede ich nicht über Geld, dafür habe ich meinen Anwalt.«

Ich: »Von mir kriegst du keine Mark mehr, nur über meine Leiche.«

Drei Jahre lang hat er gegen mich prozessiert. Ich gab meinem Anwalt eine bestimmte Summe für die Vertretung meiner Person mit der Auflage, nie einen Gerichtssaal betreten zu müssen und ihm keine Mark zuzugestehen. Der Schlag war zuviel für mich. Nein, ich hatte kein Verständnis für ihn. Ob es nun das Gift der Mutter oder das ihres Liebhabers war. Als ich achtzehn war, habe ich schon drei Jahre arbeiten müssen wie ein Schwein, bekam von meinen Eltern keine müde Mark, keine Liebe.

Ich verkaufte mein Haus, liquidierte das Geschäft und ging nach Andalusien. Ich hatte genügend Geld, um gut in Spanien leben zu können. Dort baute ich ein Haus mit meinen eigenen Händen. Das war meine Beziehung. Ich habe mich gesund onaniert, mich selber versorgt, gekocht, keine Drogen, Wein nur aus Freude, nicht aus Frust. Da ging es mir gut. Das war eine Bestätigung für mich.

Das Haus steht heute noch, ich bin nicht vergessen.

Selten hatte ich kurze Urlaubsbekanntschaften, Deutsche, Holländerinnen. Mit einheimischen Frauen hatte ich schon aus Prinzip nichts. In Spanien geht das nicht, jedenfalls nicht auf einem Dorf. Nur einmal gab es eine Affäre mit einer Nordspanierin. Das war ein Drama wie im Kino, kurz und leidenschaftlich. Das Drama lag auf ihrer Seite, sie wollte mich heiraten.

In diesen drei Jahren Spanien fand ich zu mir zurück.

Aber ganz banal: Dann kam das Heimweh, Heimweh nach bekannten Gesichtern, Freunden und Herzen. Mit zwanzig Mark in der Tasche kehrte ich zurück. Das war alles, was übrig geblieben war. Eine Josefine stand am Flughafen, holte mich ab, und ich konnte zwei Wochen bei ihr wohnen. Zufall. Dann zog ich von Pension zu Pension, bis meine Bank mir Geld gab und ich wieder Fuß fassen konnte, eine Wohnung mieten, das Geschäft ankurbeln. Natürlich wünschte ich mir auch wieder eine Freundin, war aber sehr vorsichtig geworden.

Ich verliebe mich nicht mehr schnell, schaue mir mein Gegenüber freundlich und lange an, bevor ich meine fünf Sinne anspringen lasse.

Dann kam eine für mich typische Situation: Auf einer Party lerne ich eine Frau kennen, die bescheiden und lieb ist und schlecht angezogen. Damit meine ich, kein Geschmack und keine Qualität. Kein attraktives Model, keine affektierte oder wichtigtuende, dummschwätzende Zicke, sondern eine Frau mit schönen Augen, leicht zusammengewachsenen Augenbrauen und einer sehr warmen Ausstrahlung. Arm, aber warm, kann man sagen.

Dreimal war sie bei mir zu Hause in meiner Zwei-Zimmer-Junggesellenwohnung. Ich unterhielt mich mit ihr, wollte wissen, wie sie ist, was sie denkt, wie sie sich benimmt, und ihre Herzensbildung kennenlernen. Das ist natürlich wichtig. Irgendwann nachmittags kommt diese Frau in meinen Laden. Bisher hatte ich keinen Kuß, keinerlei Zärtlichkeit mit ihr getauscht. Jetzt war sie nicht mehr introvertiert, sondern extrovertiert. Ich erinnere mich noch genau an unseren Dialog.

»Warum bist du so gut drauf?« wollte ich wissen.

»Ich habe Wein getrunken.«

»Nachmittags? Finde ich ja cool, steht dir gut. Kann ich dir was anbieten?«

»Ja, ich hätte gern etwas Warmes im Bauch.«

»Dann geh zu McDonald's, ich habe nichts hier.«

»Nein. Ich meine etwas anderes.«

»Du bist sehr keß. Wir können uns ja heute abend bei mir treffen und reden.«

Ich war nicht scharf auf sie. So nicht. Sie kam, brachte Wein mit, und wir tranken, bis sie nach einer ganz normalen, banalen Unterhaltung im Bad verschwand und nicht wiederkam. Ich dachte, ihr sei schlecht, schaute nach ihr, sie war nicht im Bad, sondern in meinem Bett. Ich fragte: »Geht es dir nicht gut?« Ich kam auf keine andere Idee, eben weil es keinerlei intime Gespräche gegeben und weil ich keinen Bock hatte.

Sie: »Nein, mir ist nicht schlecht, ich möchte gern, daß du zu mir kommst.«

Augenblick mal, dachte ich, ging in die Küche, trank den Wein aus, ex, ging zu ihr ins Bett und machte Liebe. Am nächsten Morgen war sie weg, zwei Monate hörte ich nichts mehr von ihr. Dann kam sie in den Laden und sagte: »Ich muß mit dir reden.«

Da ich Erfahrung mit Frauen und diesem Satz habe, meinte ich: »Erzähl mir bitte nicht, daß du schwanger bist.«

»Doch, ich bin.«

»Dann laß es wegmachen.«

Wir redeten drei Stunden. Ich versuchte, ihr meine Sicht klarzumachen, daß es verantwortungslos sei gegenüber dem Kind, gegenüber mir, gegenüber ihr selbst, daß ich weder ökonomisch noch emotional in der Lage sei, Vater zu werden.

Das interessierte sie nicht. »Ich bin dreiunddreißig, ich will ein Kind, es wächst, und ich laß es wachsen. Mir ist egal, was kommt. Ich will es haben.«

Sie stellte keine Forderungen, erpreßte mich nicht, war nicht unfair, nur insoweit, daß sie mich ganz schlicht benutzt hatte. Denn das ist der Clou. Ich fragte: »Woher weißt du, daß ich der Vater bin? Du hast nur einmal mit mir geschlafen.«

»Ich weiß es, denn an dem Tag hatte ich erhöhte Temperatur, es war mein Eisprung.«

Das Kind ist geboren, ein Junge. Sie will nicht, daß ich ihn kennenlerne. Ich möchte für ihn dasein, möchte ihn ihr aber nicht entziehen. Ich kenne ihn nur von Fotos. Er sieht mir ähnlich und Bekannte sagen: »Er ist wahnsinnig lieb, aber wenn man ihn reizt, wird er zum Tier.« Mein Sohn – auch nach dem Vaterschaftstest bin ich zu neunundneunzig Komma neun-sieben-acht Prozent der Vater.

Nach diesem Schock zog ich mich noch mehr zurück von Frauen. Bis vor zwei Jahren. Seitdem bin ich wieder drin, liebe und leide.

Diese derzeitige, wahnsinnige Liebe lernte ich – wieder mal – auf einer Party kennen. Ihre Augen waren es, wunderschöne leuchtende Augen. Das mußte ich ihr leider sagen, sofort. Ich sagte auch, daß ich sie sehr attraktiv und wunderschön fände. Ihre Antwort: »Das gleiche kann ich von dir sagen.«

Dann fragte ich sie, ob sie in Begleitung wäre.

Ja, sie sei. Nein, ich fände das nicht schlimm. Wir Menschen würden nicht existieren, wenn wir nicht alle irgendwo Egoisten wären. Ich gab ihr meine Telefonnummer. Zwei Wochen später rief sie mich an. Gleich an unserem ersten Abend sagte ich ihr knallhart, wie meine derzeitige finanzielle Situation ist, daß ich total verschuldet bin, auch daß ich drei Kinder mit drei verschiedenen Frauen habe. Daß ich mir aber von ganzem Herzen wünsche, noch mal geliebt zu werden und noch einmal neu anzufangen. Daß ich im Grunde gern eine Familie hätte und mir im Leben eigentlich alles durch meinen Egoismus versaut hätte.

Drei Monate lang sahen wir uns alle zehn Tage, lernten uns behutsam kennen. Irgendwann küßte ich sie, und damit war es passiert. So war sie noch nie von einem Mann geküßt worden, sagte sie. Und: Ich sei der wärmste Mensch, der ihr je begegnet sei.

Nach einem halben Jahr liebten wir uns zum ersten Mal. Ich hatte Geburtstag, wir feierten zusammen in einem Gartenrestaurant und fuhren dann auf meinem Fahrrad, sie saß vorn auf der Stange, durch die laue Mainacht zu mir nach Hause. Damals lebte sie noch mit ihren beiden Kindern bei dem Mann, der der Vater des jüngeren Kindes ist.

Hätte ich den Mann gekannt, hätte ich kein Verhältnis angefangen. Das ist eins meiner Prinzipien. Manchen Dingen gehe ich bewußt aus dem Weg, mag nicht als Liebhaber, Verführer oder Zerstörer in Beziehungen auftreten, denn die Schmerzen, die ich verursache, bekomme ich zurück.

Dieser Mann rief ständig bei mir an und wollte sich mit mir treffen. Sie hatte ihm nichts Direktes erzählt, aber es offensichtlich gemacht. Er kam und beleidigte mich, meinte, ich sei ein häßlicher, dicker, alter Kerl, sagte auch: »Was willst du Prolet überhaupt.« Da hab ich ihm in die Schnauze gehauen. Ich hasse nichts mehr, als wenn jemand im nüchternen Zustand bewußt versucht, die Würde eines Menschen zu verletzen. Wer mich Prolet nennt, spricht meine Sprache nicht – lernt mich dann als Proleten kennen.

Obwohl ich heute auch sage, ich muß mich zurückhalten, sonst bekomme ich große Probleme, schade mir mehr als denen. Schon zweimal wurde mir die Nase gebrochen.

Die Männer haben diese Frau immer ausgenutzt, einmal als Brutmaschine, zum anderen finanziell. Sie wird total abgezockt von allen Seiten. Einen dieser Typen habe ich schon verprügelt, der nächste steht auf der Liste. Da kommt das Heim wieder durch …

Sie ist eine Frau aus dem Osten, die Anfang der achtziger Jahre aus dem Gefängnis freigekauft wurde, sich immer selbst behauptet hatte und der nichts geschenkt wurde.

Sie verließ den Mann, nahm sich eine Wohnung, arbeitet hart und kämpft für sich und die Kinder.

Diese Frau hat mit mir die schlimmsten Sachen gemacht, die je eine Frau mit mir gemacht hat. Sie benutzte mich irgendwie im Unterbewußtsein dazu, um sich von dem anderen zu trennen. Aus einem weiblichen Instinkt heraus, nicht aus Berechnung. Ich bin ihr zu nahe gekommen. Sie wollte zu dem Mann zurück. Das ging zwei-, dreimal hin und her. Sie ist immer wieder zu mir zurückgekommen. Langsam merke ich, daß sie mich auch liebt, obwohl ich immer wieder daran zweifle. Manchmal spricht sie es aus. Aber sehr selten. Mit dem Wort Liebe geht sie sparsam um.

Ich fühle, daß ich für sie da sein müßte, da sein will. Das habe ich so noch nie erlebt. In dieser Beziehung lege ich alles ab, meinen männlichen Stolz, jede Art von Selbstschutz. Alles im Interesse dieser Frau, die so sehr verletzt wurde in ihrem Leben. Da ist es mir scheißegal, wenn sie mich jetzt verletzt.

Ich hoffe, daß wir menschlich und intelligent genug sind, unsere Beziehung in den Griff zu bekommen. Und ich wünsche mir, daß wir gesund bleiben, daß mein Laden läuft und daß wir zusammen glücklich werden. Als Familie mit ihren zwei Kindern, die mich lieben und die ich liebe. Eigene Kinder sind keine Voraussetzung zum Glück. Wer weiß das besser als ich …

12

»Ich möchte eine Frau betrachten wie eine Blume, sie nicht abschneiden und in eine schöne Vase stellen. Sie soll stehenbleiben, wo ich sie angetroffen habe.«

Kurt S., 43 Jahre, Ingenieur, unverheiratet

Zwei große Lieben haben ihn »tief berührt, aber die meisten anderen Frauen habe ich auch geliebt, mehr oder weniger, mit einem echten Gefühl der Zuneigung«. Mit wieviel Frauen geschlafen? »Was kann eine Zahl sagen? Es ist ja kein Rennen nach sexuellen Erfolgen, vielleicht waren es dreißig, vielleicht waren es vierzig ...«

Randlose Brille, wache Augen, dichtes dunkles Haar, ein kultivierter Mann mit leisem Humor, von tiefgründiger Zurückhaltung. Irgendwie zartbitter, der letzte Mann in diesem Buch, der das Dutzend vollmacht.

Eigentlich bin ich kein typischer Mann. Ich fühle mich anders als andere Männer, differenzierter, sprunghafter, vielseitiger. Männer im allgemeinen tun nicht viel, verfolgen in Bezug auf Lebensführung keine neuen Ideen. Sie richten sich gern nach dem, was andere tun. Natürlich gibt es eine gemeinsame Schnittmenge, gibt es Dinge, die ich genauso mache wie andere.

Aber mein Freizeitverhalten erscheint mir anders als das anderer Männer. Ich begebe mich gern an Orte, die nicht dem Standard »schön« entsprechen. Weil für mich woanders viel mehr »rauszuholen« ist, weil ich etwas über den Lauf der Welt und ihre Funktion erfahren möchte, soziologisch, wissenschaftlich, so könnte man das bezeichnen.

Genua zum Beispiel. Ich begab mich ganz bewußt in den Dreck, den Sumpf des Industrieviertels, fast eine archäologische Unternehmung. Schmutz, Berge von Hundekot unter den Brücken, Ecken, in denen seit zwanzig Jahren kein Mensch einen Finger gerührt hat. Was passiert da biologisch? Wie verhält sich der Mensch in dieser Umwelt? Wie bewegt er sich darin? Kann er das akzeptieren? Die Gegensätze, das Spannungsfeld, sind hochinteressant: gepflegteste Frauen und der größte Dreck nebenan.

Ich übernachtete in meinem Auto auf einem Parkplatz in der Nähe des Hafenstrichs, um dem nächtlichen Treiben zuzuschauen. Niemand würde auf diesem Platz freiwillig übernachten. Mich interessierte die Frage: Was geht hier vor? Ich bin Beobachter, kein Voyeur, das zu unterscheiden, ist mir wichtig. Wenn etwas passiert, dann auf diesem Platz, der übersät ist mit zertretenen Präservativen, unglaublich, ein Muster wie das einer Salz-und-Pfeffer-Jacke. Über den Platz wagt man sich nur mit Gummistiefeln, hat das Gefühl, allein durchs Anschauen Gefahr zu laufen, sich anzustecken.

Dann Flüsse, die aus den Bergen kommen, wüste Industrieabwässer. Ich wanderte im Flußbett. Es gibt keinen anderen Menschen, der da läuft. Oder ich folgte unbemerkt einem Revierboß im Hafenviertel. Der stolzierte durch die Gassen mit einem schäbigen Funktelefon, man machte ihm den Weg frei. Sich an seine Fersen zu heften war auch höchst gefährlich, aber ebenso interessant.

Das Aufsuchen unwirtlicher Orte läßt sich auf Beziehungen übertragen, das ist klar. Mich interessiert das Skurrile an einer Frau, das, was auf den ersten Augenblick nicht zusammenpaßt. Ich meine, daß das äußere Erscheinungsbild nicht mit dem, was sie sagt, korrespondiert. Sie verhält sich widerspenstig oder zurückgezogen, so daß sie in der Gesellschaft auf Ablehnung stößt. Oder sie hat einen Knacks, irgend etwas. Eine aalglatte hübsche Frau, die sich genauso wohlverhält, wie man es erwartet, wie es dem allgemeinen Verhaltensideal entspricht, ist für mich langweilig, tödlich langweilig.

Zur Zeit lebe ich aber mit einer stimmigen Frau zusammen, die in sich harmonisch ist. Eigentlich seltsam, ich weiß auch nicht, warum. Das ist meine längste Beziehung, über acht Jahre. Bis zu einem gewissen Grad macht sie einiges mit, nicht so extrem, wie man es bei anderen Frauen antrifft. Mit ihrer Vielseitig bietet sie Ersatz für das Skurrile, das ist wie Süßstoff.

Meine ersten Frauenbegegnungen waren von der Natur gesteuert, ganz normales Verliebtsein, kein vernünftiger Gedanke. In jede, die sich einem ein bißchen zugewandt hat, hat man sich automatisch verliebt, aus seelischer Not. In der Pubertät sind Frauen etwas ganz Neues. Ich wußte nicht, was das ist, was sie tun und denken.

In der Schule gehörte ich dem letzten Jahrgang der nach Mädchen und Jungen getrennten Klassen an. Von daher kannte ich das andere Geschlecht also nicht. Zu Hause wuchs ich zwar mit zwei Schwestern auf, aber die waren nichts als Schwestern.

Ich dachte: Frau muß etwas anderes sein, in der Literatur, in Gedichten, Filmen, Operetten sind sie ein Mysterium. Die Frau – das ist der Stoff, aus dem die Kunst entsteht. Wenn so viele davon inspiriert sind, muß es da etwas Grandioses geben, von dem ich nichts weiß. Da ist Ernüchterung eingetreten, eine Erfahrung, die ich in den Jahren meines Lebens immer wieder machen mußte.

Eigentlich begannen meine Frauenbeziehungen mit Mitte Zwanzig. Bis dahin hatte ich nur eine einzige, die mit meiner festen Freundin, acht Jahre lang. Als wir uns kennenlernten, war sie fünfzehn, ich sechzehn. Zusammen entdeckten wir die Welt, machten gemeinsame Erfahrungen, wuchsen aneinander und wohnten auch zusammen. In diesen acht Jahren hatte ich nicht das Gefühl, etwas zu versäumen. Es war unglaublich bunt und reich. Was andere Männer mit fünfzig Frauen erleben, erlebte ich mit dieser einen Frau.

Warum habe ich mich von ihr getrennt, nachdem wir soviel erlebt haben? Ganz einfach: Sie war die erste Frau, mit der ich sexuellen Kontakt hatte. Und wäre die letzte geblieben, hätte ich mich nicht getrennt. Bis zum gemeinsamen Lebensabend. Das war eine Angstvorstellung.

Daß ich schon mal etwas anderes machen könnte, fünf Stunden am Abend, ein Wochenende, war klar. Aber niemals sechs Monate. Es ist so, als sagt dir jemand: Hier kannst du bis an dein Lebensende wohnen. Aber du darfst nie in eine andere Wohnung, darfst auch nie den Wunsch haben, eine andere zu mieten. Du mußt dich festlegen, jetzt. Damit ist die Option für die Zukunft verbaut. Man sieht sich in der Zukunft wie ein Rentner, der noch arbeiten könnte, aber nicht mehr darf.

Ich könnte vieles machen in der Welt, aber ich darf nicht. Jede Veränderung hätte wehgetan.

Man sieht andere Frauen und weiß, daß man die praktisch nie ergründen, mit ihnen nie irgend etwas Gemeinsames erleben kann, solange man in einer festen Beziehung ist. Weil das die Beziehung stört. Weil die Frau droht: Dann kannst du für immer gehen, dann ist Schluß. Eine Verweigerung von Leben – dieses Gefühl war nicht nur vom Kopf gesteuert, auch vom Herzen. Nach acht Jahren kennt man eine Frau ziemlich genau und weiß, was man ihr zutrauen kann für die Zukunft und was nicht. Wo man klare Grenzen erkennt: Mit dieser Frau kann ich das und das machen, darüberhinaus ist sie zu festgefahren. Der Charakter der Frau bleibt eher konstant.

Dieser Freundin war sehr wichtig, daß ich da war. Ich mußte keine großen Anstrengungen unternehmen, um ihr zu gefallen. Aber ich sollte wie ein Kind immer in ihrer Nähe sein. Sie hätte es nicht verkraftet, wenn ich über längere Zeit streunen gegangen wäre. So empfinde ich das im nachhinein.

Langsam löste ich mich von ihr. Es hat gut gepaßt, daß sie aus beruflichen Gründen in eine andere Stadt zog. Unter der Woche hatte ich Zeit, mich auszutoben, am Wochenende kam sie zurück.

Es war ein Fehler, so lange mit ihr zusammenzusein, eine so tiefe Beziehung zu führen, weil sie emotional von mir abhängig wurde. Durch meine Zuneigung, die vielen gemeinsamen Erlebnisse, machte ich ihr die Trennung schwer. Also erwies ich ihr keinen großen Dienst, indem ich mit ihr eine so intensive Freundschaft gepflegt hatte. Inzwischen ist sie mit einem Beamten verheiratet, hat ein Kind und meldet sich nicht mehr. Ich denke, daß sie jetzt glücklich ist.

Raus aus der Wohnung, raus aus der Beziehung, hinein in die Welt. Plötzlich ist mein Raum sehr groß geworden. Die erste Frau danach war genau das, was ich nicht wollte, eine furchtbar hübsche, aalglatte, die sich völlig ungezwungen in der Gesellschaft bewegt. Anfangs war das skurril für mich, eben weil sie sich so bewegen konnte, wie man es selten trifft. Sprach sie mit einem älteren Mann, traf sie seine Sprache genauso wie die bei einem jüngeren. Sie fand überall Beachtung, Zuneigung und Zustimmung. Alle Antworten waren Standardantworten, gegen die man nichts sagen konnte. Sie hatte ihren Text gelernt wie eine perfekte Schauspielerin. Es ging nicht länger als eine Woche. Denn das Alleinsein mit ihr war intellektuelle Wüste, langweilig, wie in Einzelhaft. Sie hatte nichts außer ihrem Äußeren.

Hinter ihrer Fassade hatte ich die geistige Jämmerlichkeit erkannt, so streng muß ich das sagen. Daß man sich wunderbar mit ihr blicken lassen kann, daß man vielleicht bewundert oder gar beneidet wird, das allein trägt keine Beziehung. Für einen intelligenten Menschen, der ein bißchen Reibefläche braucht oder Contra, ist das völlig ungenügend. Sie wußte ja gar nicht, wovon ich sprach.

Das Skurrile einer Frau erfaßt man am schnellsten mit den Augen. Danach hört man, wenn man in ihre Nähe kommt. Ich war immer mutig, habe mir immer gern Sachen angesehen, an denen andere vorübergehen. Ich weiß nicht, woher dieses Interesse kommt, Steine umdrehen und gucken, was darunter ist, in Höhlen kriechen, das ist Forschergeist, vielleicht genetisch bedingt.

Es geht mir aber nicht um das reine Forschen, um das Sammeln skurriler Personen, ich suche natürlich auch immer Nähe zu anderen Menschen, den Kern. Das ist ganz wichtig festzustellen. Ich kenne mich mit meiner Emotionalität, mit meinen Gedanken. Nach einer gewissen Zeit stelle ich fest, daß ich mich irre und nicht das Maß aller Dinge bin, daß ich meine Meinungen über die Welt immer wieder revidieren muß, meine Einstellung zum Leben, meine Spontaneität.

Der intellektuelle junge Mensch, der studiert, mit der

Philosophie in Berührung kommt, bastelt sich ein Weltbild zurecht und ist dann in seinem intellektuellen Zirkel so gefangen, daß er meint, die Denkergebnisse seien wichtig. Und dann kommt das andere Wesen Frau, schert sich keinen einzigen Gedanken um dieses Thema und lebt im Endeffekt viel glücklicher, viel zufriedener, viel lebhafter in dieser Welt, die die gleiche ist wie meine. Sie besitzt die Lebenskunst, mit den Widrigkeiten umzugehen, sie wegzustecken. Eine Fröhlichkeit, ein Spaß, eine Freude, eine Unbeschwertheit, bedrückende Gedanken abzulegen. Das Denken ist beim Mann manchmal so beherrschend, daß es ihm jegliche Lebensfreude raubt. Es ist die Eigenschaft fast aller Frauen, daß sie gern leben, daß sie sich wegen eines philosophischen Gedankens nicht umbringen.

Frauen mit ihren ganz eigenen Erfahrungen, anderem Wesen, anderem Charakter, empfinde ich als Bereicherung. Dinge, in denen ich völlig verbissen bin, einseitig, in denen der Intellekt bestimmend ist und mich selbst in eine Denkenge treibt, lösen sie total anders. Ich weiß, wenn ich die gleichen Erfahrungen machen möchte, müßte ich fünfzigmal so lange leben. Also ist es einfacher für mich, hinauszugehen, zu gucken, zu erfahren, es auf mich wirken zu lassen.

Im allgemeinen versucht der Mann ja, der Frau seine Meinung zu oktroyieren und in die gleiche Denkrichtung zu bringen. Ich nicht.

Es hat mich immer fasziniert, daß es Frauen gibt, die den ganzen Tag lachen können. Da muß ich einfach eingestehen: Meine Art, die Welt anzupacken, zu interpretieren, ist falsch, weil das Ergebnis falsch ist, Schwermut, Unattraktivität in der Gesellschaft, ein Mann, der vor sich hinstiert, mißmutig und erfolglos. Dieses, mein Denken, hat mich viel Energie gekostet und mich nicht weitergebracht, hat mir keine Lebensfreude vermitteln können.

Mein Schlüsselerlebnis hatte ich mit sechsundzwanzig Jahren. Ich war allein in Frankreich unterwegs, vier Wochen mit Motorrad und Schlafsack. Eines Sommerabends legte ich mich irgendwo in der Landschaft unter die Büsche. Es wurde langsam dunkel. Im Tal stand ein Haus, in dem Leute zusammenkamen. Auf der Terrasse gingen Lichter an. Ich lag da oben allein, und die da unten unterhielten sich stundenlang und lachten. Ich merkte schmerzlich: Die haben es geschafft, glücklich zu sein. Das Lachen war nicht primitiv, die Gespräche nicht kurz, sondern lang und intensiv. Intellektuelle Gesprächsfetzen mit Lachen – eine wunderbare Mischung, ein wunderbares Lebensgefühl kam da rüber. Und ich mit meinem ganzen Denken, Wissen um die Welt, lag wie ein Dreck unter dem Busch, konnte nicht teilhaben. Es war gar keine Aussicht, jemals dahinzukommen.

Da wußte ich, daß ich mich verrannt hatte. Daß ich mein Leben so nicht bis zum Ende führen möchte.

Meine Gedanken müssen ja nicht falsch gewesen sein, aber diese Einsamkeit, einen Monat allein, ohne menschlichen Kontakt. Eigentlich wollte ich mich an diesem Abend umbringen, weil ich dachte, keine Freude am Leben zu haben, und weil ich nicht wußte, wie ich das ändern, wie es weitergehen könnte.

Der Tötungswunsch kam aus keinem konkreten Unglück, es war eher Hoffnungslosigkeit. Aber dann konstatierte ich wieder ganz intellektuell: Du mußt dich nicht heute umbringen, das kannst du auch in vier Wochen. Das Schöne war, daß ich mich von meinen Ideen trennen konnte, neue Prioritäten setzen. Ich überlegte: Gibt es etwas, was dir Spaß machen könnte, egal was, Rauschgift nehmen oder Motorrad fahren, durchs Wasser laufen, blaue Hemden anziehen, irgendeinen Blödsinn, den du noch vor deinem Tod machen kannst.

Unter dem Eindruck dieser Nacht ist ein neues Lebensprinzip entstanden: Du kannst alles ausprobieren, was du willst. Das tat ich. Nachts in einen Keller einbrechen zum Beispiel und ein Glas Kürbis essen. Das war nicht Vorsatz, die Situation hatte mich gereizt. Völlig sinnlos, ohne Not, eine Augenblicksentscheidung. Oder Drachenfliegen. Ich baute mir einen selber, eine Aufgabe für den männlichen Intellekt, selbst konstruiert und berechnet. Sich in die Lüfte erheben, auch eine gefährliche Sache. Fliegen war ein brennender Wunsch seit meiner Kindheit, weil wir dicht am Flughafen wohnten. Einmal fliegen, und dann kann ich sterben. Ich war zum Tode bereit. Also konnte ich auch leben.

Plötzlich fühlte ich mich frei, konnte alles machen, den ganzen Tag durch die Stadt laufen und schauen, was in den Mülltonnen liegt, ist vielleicht interessanter als denken. Ich hatte mir einen Freibrief ausgestellt, Dinge auszuprobieren – auch Frauen. Es gibt die toten Dinge auf der Welt und die lebendigen. Man muß an beiden schnuppern, fühlen, probieren, von mir aus sich zehn Abfuhren holen, egal, umbringen kann ich mich, wann ich will.

Die Frau, die mir alles gibt, suchte ich in der Situation nicht, konnte mir auch nicht vorstellen, daß mir eine Frau das geben könnte, was mir fehlte. Das andere Leben, der Freibrief, war in diesem Augenblick interessanter, eine Art geistig-epileptischer Anfall, da zuckt man, will das oder jenes tun.

Ich wurde zum Kasper, machte auf skurril, auch in der Kleidung. Und hatte plötzlich viel mehr Bekannte, die erfreut waren, wenn sie mich sahen. Ich war nicht mehr introvertiert, ich bot denen eine Show und mir auch. Wenn du nichts tust, passiert auch nichts. Donovan hat damals mein Lebensgefühl getroffen mit seinen Songzeilen: »And finally I realized I have to be my own surprise« (schließlich habe ich erkannt, ich muß meine eigene Überraschung sein).

Das kam mir zupaß, stimmte für mich. Ich fühlte mich wunderbar leicht. Plötzlich ereignete sich so viel in meinem Leben, mit Frauen, mit anderen Menschen. Ich spielte Theater, ließ keine Party aus, nahm jede Gelegenheit wahr, die zu einem Treffen mit anderen führte. Nicht aus Verzweiflung, sondern aus Neugierde, aus Beschäftigungsdrang, aus dem Wunsch heraus: Jetzt machst du alles anders als früher. Den Tod, die Einsamkeit, kannst du immer haben, umsonst.

Frauen sind auf mich zugekommen, mir zugeflogen. Ich mußte keine Fallen stellen. Anscheinend bin ich denen als lebenslustige, interessante Person erschienen.

Und plötzlich war die große Liebe da. Blitzartig. Eine verheiratete Studentin, die in Scheidung lebte, ein Jahr jünger als ich, idealst. Suchte ich nur das Schöne, Positive, hätte ich sie niemals kennengelernt …

Während meines Studiums traf ich einen stillen, introvertierten, lebensunlustigen, hart arbeitenden Studenten, der keine Freunde hatte. Ich wollte wissen: Wie kann er leben? Was denkt er? Was macht er, fühlt er etwas? Es war keine Anstrengung für mich gewesen, mich mit ihm in allen Einzelheiten zu beschäftigen. Genau hinschauen, wie unter einem Mikroskop. Diesen Kontakt pflegte ich intensiv. Dadurch kam ich in das Studentenwohnheim, wo immer wieder Feste auf den Stockwerken stattfanden. Auf einem traf ich sie, die große Liebe.

Ihre Herzlichkeit nahm mich sofort für sie ein, immer lustig, das Gegenteil von dem, was ich früher war. Hübsch war sie auch. Sie hatte keine Ahnung von Technik. Auch das hat mich total fasziniert: Ein Mensch weiß nichts über die Fallgesetze, nichts über die Schichtung der Luftatmosphäre (das nur als Beispiel), und ist fröhlicher als ich, packt das Leben positiv an, hat viel mehr Lebensfreude. Wieder ein Beweis, daß es Menschen gibt, die gleiche Probleme ganz anders anfassen und zu anderen Lösungen kommen.

Ich verliebte mich sehr in sie, sie sich auch in mich. Schrecklich, so verliebt zu sein, schrecklich schön, mit allen Höhen und Tiefen und Ängsten, tagelang völlig abtauchen mit ihr, wochenlang allein zu zweit sein.

Ich merkte gleich, sie ist eine Persönlichkeit, und wollte sie lassen, wie sie ist, wußte: Wenn ich versuche, diese

Frau zu beeinflussen, auf mich einzustimmen, dann ist sie nicht mehr die, die ich kenne, die ich liebe.

Und jetzt kommt der große Trugschluß: Da ich ihr weder Vorschriften machte noch irgendwelche Forderungen stellte, dachte die Frau, ich sei an ihr nicht sonderlich interessiert. Die Indizien dafür trug sie im Kopf zusammen, still für sich. Ich möchte eine Frau wie eine Blume betrachten, sie nicht abschneiden und in eine schöne Vase stellen. Sie soll stehenbleiben, wo ich sie angetroffen habe. Was für mich Großmut war, deutete sie als Desinteresse. Das hat ihre Liebe zu mir abgekühlt, sie einem anderen in die Arme getrieben. Sehr schade. Sie konnte es nicht mehr rückgängig machen. Den Schmerz hatte sie in sich hineingefressen und mich dann vor vollendete Tatsachen gestellt. Ein unglaubliches Mißverständnis. Natürlich hatte ich ihr immer wieder gezeigt, wie sehr ich sie liebe, es aber nicht ausgesprochen. Das war der Fehler. Man muß das Frauen tatsächlich sagen.

Frauen wollen gern, daß man sie ein bißchen zu sich hinzieht, im übertragenen Sinne Aufgaben erteilt, damit sie in Erfüllung dieser Aufgaben einen Sinn in der Beziehung sehen. Dieses Spiel ist wichtig. Wenn man meint: Ich nehme ihr diese Arbeit ab, weil ich sie damit nicht belasten möchte, ist das falsch. Sie glaubt, der braucht mich nicht, er traut mir das nicht zu. Sie mußte weder meine Sachen waschen noch etwas für mich besorgen. Sämtliche Probleme, die es im Alltag zu lösen gibt, löste ich selbst. Wollte nur die Liebe mit ihr, sparte das konkrete Leben aus, wollte sie nicht für meine Zwecke einspannen.

Später konnte ich mit ihr darüber sprechen. Aber es ließ sich nicht mehr reparieren, weil wir uns schwere Wunden zugefügt hatten. Weil die Liebe vorher so heftig war, ging es anders nicht mehr weiter. Meine Freundin befand sich in einer Notsituation, hilflos ihrem Gefühl ausgeliefert: Der Mann ist übermächtig, sagt überhaupt nicht, was er will, er läßt mich. Also muß ich auf eigenen Füßen stehen.

Ich war schockiert über das Ende. Diese ganze Leistung, die ich gemeint habe für sie zu vollbringen, nicht in sie einzudringen, sie nicht zu bestimmen – das Thema Emanzipation war ganz wichtig, ich hatte es auf meine Fahne geschrieben, für bare Münze genommen –, wurde mir negativ angekreidet.

Je mehr man sich liebt, desto schneller kann es in die Brüche gehen. Eifersucht kam auch ins Spiel. Sie war eifersüchtig, obwohl bei mir nicht mal ein Gedanke an Betrug war. Ich war auch eifersüchtig, und wie, natürlich. Und doch war ich so naiv, mir nichts dabei zu denken, als sie mit einem Freund aus früheren Zeiten in Urlaub fuhr. Ich wollte sie lassen, nicht rumkritteln. Ein Freund von früher, na und? Sie braucht ein bißchen Abstand, jetzt laß' sie mal laufen, sie braucht auch mal frische Luft. Wenn ich sie festhalte, die Blume, verwelkt sie in meiner Hand. Also ließ ich sie fahren, für sie wieder ein Beweis meiner Gleichgültigkeit. Ich hätte ihr eine Szene machen sollen, das hat sie erwartet. Aber ich war zu jung und zu dumm, versteckte ihr zuliebe meine Eifersucht, verschluckte sie.

Sowieso überlegte ich oft: Wie verhalte ich mich richtig in der Gesellschaft? Ich bin heilfroh, daß ich nicht Jura studiert habe wie ich eigentlich wollte. Mein Thema war: Wie kann man eine Gesellschaft führen, mit welchen Regeln, Vorschriften, Empfehlungen, die eigenen Wünsche der Gemeinschaft unterordnen, das hängt mit der achtundsechziger Bewegung zusammen. Und Eifersucht ist altmodisch, die gab es in den frühen Romy-Schneider-Filmen, aber doch jetzt nicht mehr.

Meine Freundin hatte anscheinend eine Affäre, das ist mir langsam aufgegangen. Sie hat zwar nie offen gesagt, daß da etwas ist, nur, daß dieser Freund Probleme hat und sie sich um ihn kümmert. Sie konnte es mir nicht ins Gesicht sagen, vielleicht aus Angst, daß dann alles aus wäre zwischen uns. Es waren facts, er reiste an, sie traf ihn. Warum fährt ein Mann vierhundert Kilometer, um sich mit einer Frau zu treffen und nur belangloses Zeug zu reden, fragte ich mich. Da stimmt doch etwas nicht.

Es gab noch ein paar andere Affären, mein Gott, sie hat sich einfach in irgendjemand verliebt, weil es mit mir nicht so geklappt hat. Ist halt bei Frauen so, die laufen, sehen was und es gefällt ihnen. Nach dem Gefallen kommt das Schlimme: Daß die Frauen den brennenden Wunsch haben, mit dem Gefallen in Kontakt zu treten. Ich glaube schon, daß Frauen da rascher und radikaler handeln. Der Mann setzt einen Filter davor. Vielleicht hat sie mir auch deshalb nicht die Wahrheit gesagt, weil sie noch Hoffnung hatte, daß es anders wird mit uns. Nach einem Jahr war es aus.

Gespräche wie jetzt für dieses Buch gibt es zwischen Männern nicht. Jedenfalls nicht mit denen ich in Berührung war. Wenn man offen spricht, zeigt man Schwäche und hat Angst, daß einem das negativ ausgelegt wird. Kommt es zum Streit, wird es als Waffe benutzt, um den anderen lächerlich zu machen.

Nach dieser Trennung begann meine wilde Zeit. Nicht vorsätzlich. Vieles hat sich ergeben, nicht immer mit Gefühl, auch mit Kalkül.

Ein Fallbeispiel: Eine Arzttochter, die Unerreichbarkeit dieser Frau – das Jägerprinzip stand im Vordergrund. Ich wollte einfach mal testen, was ist möglich mit ihr? Das war gemein. Auf der Lauer liegen, Fallen stellen, tausend Tricks. Es hat ein Jahr gedauert. Jeder Mann, der sie kannte, wollte sie haben, Fünfzigjährige mit Porsche bemühten sich um sie, Sechzehnjährige stürzten sich fast zu Tode. Der Zugang zu gehobenen gesellschaftlichen Schichten stand ihr offen, die für mich als Arbeiterkind verschlossen waren. Zusätzlich interessant war ihr Beruf, ein typisch männlicher Handwerksberuf, Steinmetz. Ich sprach sie nicht an, begab mich aber in ihr Sichtfeld, drehte Pirouetten, arbeitete wie ein Jongleur im Zirkus, da war ich sehr kreativ. Ich steckte Briefchen an die Windschutzscheibe ihres Wagens, anonym, um sie neugierig zu machen, ihren kriminalistischen Spürsinn zu wecken. Damit sie aufmerksam in ihre Umgebung schaut und sich fragt: Wer macht solchen Zinnober, wer bemüht sich da so um mich? Ein wichtiges Prinzip war, wenn ich sie tatsächlich traf, nie zu zeigen, daß ich mich für sie interessiere. Nicht wie die anderen Männer sein, die sie einladen, Komplimente machen, sie wiedersehen wollen. Sie nahm mich wahr. Es gefiel ihr offensichtlich. Dann gab ich mich zu erkennen, ja, das bin ich. Durch meine Taten hatte ich ihr gezeigt, daß ich sie würdig finde, vor ihr die Knallkörper anzuzünden, das Feuerwerk meiner Phantasie abzubrennen.

Jetzt mußte ich die Sache auf den Punkt bringen. Wir verabredeten uns in Bologna. Ich wußte, daß sie in der Nähe mit einem Mann Urlaub macht. Ich hatte nichts zu verlieren. Die Heimlichkeit des nachmittäglichen Treffens, weit weg von der normalen Umgebung, gehörte natürlich zu meinem Plan. Es hat sich wunderbar ergeben.

Erst später, als ich mit ihr intim war, kam die Enttäuschung, als ich allein zu zweit Stunden mit ihr verbringen mußte. Ich hatte in ihr eine Göttin gesehen, und nun steckte ein ziemlich normaler Mensch dahinter, der sich ständig unterhalten läßt und die Reize, die von außen geboten werden, zur Bereicherung des eigenen Lebens nimmt. Sich gern kitzeln läßt, aber nichts gibt. Ich mußte die Initialzündung geben, von ihrer Seite ist nichts zur Bereicherung unserer Zweisamkeit gekommen. Wie ein Rucksack, den man nimmt. Der kommt auch überall rum auf der Welt, aber er macht nichts. Sie hat sich rumtragen lassen in der Welt. Was sie gegeben hat, war ihr Äußeres, und deshalb wurde sie von den anderen Männern begehrt. Ich kann mir das nicht anders vorstellen. Für einen Mann, fürs praktische Leben, hat sie nie etwas getan, ein Püppchen. Diese Rolle hat sie weitergespielt, weil sie gar nicht anders konnte. Anderen Männern mag das genügen, mir nicht.

Seitdem ist die Einsicht bei mir eingekehrt, daß ich hübsche Frauen, die einen gesellschaftlichen Status haben, nicht mehr begehre. »Hübsch = dumm« wäre zu einfach. Meine Erklärung dafür ist: Das Hübsche, die Schönheit werden vom ganzen Umfeld, in der Familie bemerkt, bewundert. Dann wird die Nähe des Mädchens, der Frau, gesucht, um sich mit ihr zu schmücken. Durch ihre Schönheit stehen alle Türen offen. Warum soll sie sich einen Gedanken machen? Sie zieht sich etwas Hübsches an, verhält sich so, wie sie es gelernt hat. Die Erfahrung macht sie schon als kleines Kind, sie bekommt alles, von der Mama, vom Papa, von den Nachbarn. Da der Tag aber nur vierundzwanzig Stunden hat, bleibt keine Zeit, sich selbst zu entwickeln. Ständig sind andere um sie herum, die sie einladen.

Eine Frau, die nicht dem Schönheitsideal entspricht, ist mehr mit sich alleingelassen, kann sich mehr mit sich selbst beschäftigen, in Ruhe etwas anschauen, ohne daß ihr gleich jemand über den Kopf streichelt und sagt, wie hübsch sie sei. Sie hat mehr Zeit, ihre Persönlichkeit auszuformen. Allein der Zeitfaktor spielt eine Rolle.

Für mich kam dann das genaue Gegenteil. Zum Beispiel eine sehr korpulente, kindliche Frau, mit der Spontaneität einer Achtjährigen, sich nicht hinter aalglatten Antworten versteckend. Sie ist so offen auf mich zugegangen, daß mich das fast erschreckte. Ihre Herzlichkeit trug sie nach außen. Das war etwas, das ich nicht kannte, die Ehrlichkeit. Es war für mich überhaupt keine Anstrengung. Ich mußte mich nicht verstellen, mir nichts einfallen lassen. Ihre Emotionalität hat mich immer wieder überrascht, mir ständig Freude bereitet. Aber ich sah, wie wichtig, ja, lebensbestimmend ich für diese Frau wurde; war mir der Verantwortung für sie als Person, für ihr Seelenleben bewußt. Sie war unselbständig, schon in kleinen Lebenssituationen verlor sie die Fassung, fragte oft: Was soll ich machen? Ich mußte das Ruder in die Hand nehmen und egal, in welche Richtung ich es einschlug, die Verantwortung für die Tat lag bei mir. Ich machte vielleicht ähnliche Erfahrungen mit dieser Frau wie ein Vater mit seiner Tochter. Das hat mir Angst gemacht.

Wenn ich mich von ihr entferne, ist sie so unglücklich, wie es schlimmer nicht mehr geht, dachte ich. Man kann so etwas Unschuldiges nicht wegschmeißen, das ist genauso schlimm, als wenn man ein Kind enttäuscht, das sich ganz öffnet und einem vertraut. Ich dachte auch: Sie bringt dir soviel Wärme entgegen, und du wirst sie früher oder später verletzen. Das kannst du nicht machen, du bist ein Schwein. Sie hat einfach einen Mann verdient, der ihr die gleiche Herzlichkeit entgegenbringt. Also trennte ich mich von ihr, aus Angst vor Verantwortung.

Ich suchte keine bestimmte Art von Frau, sondern schaute überhaupt erst mal wie bei einem Schaufensterbummel.

Naja, im Hinterkopf gab es doch eine bestimmte Vorstellung. Durch scharfes Beobachten hat es sich immer wieder bestätigt, daß es die Schönen nicht sind.

In dieser Zeit wollte ich mit keiner Frau zusammenleben, das kannte ich ja. Das Alleinleben war relativ neu für mich, das höchste. Ganz spontan den blödesten Ideen folgen können, ohne sich rechtfertigen, ohne Rücksicht nehmen zu müssen.

Bei den Frauen war schon der Wunsch nach einer längeren, tieferen Beziehung. Dem stand mein Interesse entgegen. Ich wußte natürlich, daß Alleinsein bis zum Tod nicht mein Traum ist, aber jetzt war es meine temporäre Lebenssituation.

Ich traf die verschiedensten Frauen, zum Beispiel eines Nachts eine, die die Polizeiwache beobachtete und auf ihren Freund wartete, der festgenommen war. Ich kam mit ihr ins Gespräch. Es stellte sich schnell heraus, daß sie, wie der Freund, drogenabhängig ist. Ich wollte wissen, wie jemand dazu kommt. Es war kein Jagen nach Frauen, kein Sammeln von Skurrilitäten, sondern das Erkunden von Lebensbereichen, mit denen ich bis dahin nichts zu tun hatte. Die suchte ich bei Frauen, nicht bei Männern. Frauen sind sehr viel bunter, tausendmal interessanter als Männer.

Die nächste war eine Kleptomanin. Das wußte ich nicht. Erst als wir eines Morgens in die Bäckerei gingen und Brezeln kauften, klaute sie. Dadurch wurde ich auf diese Wesensart, vielleicht eine Krankheit, aufmerksam. Interessant. Ich mußte mich natürlich von ihr trennen, zum Schluß versteckt sie bei mir Hehlerware …

Oder eine Hausfrau, die stundenweise an einer Tankstelle arbeitet. Ich fahre mit einer Freundin zum Tanken, mache eine komische Bemerkung, sie an der Kasse lacht, ich bin gut drauf und habe innerhalb von zwölf Sekunden ein Rendezvous ausgemacht. Plötzlich hatte mich der Teufel geritten. Und sie kommt tatsächlich, zu einem wildfremden Mann …

Sie war verheiratet, es waren spontane Treffs. Ich schaute mir genau an, welche Themen sie in ihrem Leben beschäftigen, was für sie wichtig und unwichtig ist, wo und wie sie ihre Kräfte einsetzt. In dieser Konstellation bekomme ich das nirgendwo geboten, das kann mir kein Film zeigen. Ich stellte das aber bald ein, weil ich Angst vor dem Ehemann hatte, den sie mir als gewalttätig schilderte. Ich dachte, wenn er dahinterkommt, schlägt er mir die Rübe ab.

An eine andere Affäre erinnere ich mich mit einem besonderen Gefühl – mit tiefer Scham. Die Frau war nicht attraktiv, im Gegenteil. Mich haben die Fragen interessiert: Ist sie nur deshalb unansehnlich, weil die anderen das behaupten? Wie fühlt sie sich, wertlos? Falsch verstanden? Würde sie auch so empfinden, wenn ich mit ihr näher zusammen wäre, und: Was würde ich dabei empfinden? Genau aus dem Grund, weshalb sich die anderen von ihr abwandten – nämlich wegen des äußeren Erscheinungsbildes –, wandte ich mich ihr zu, ließ mich mit ihr ein. Es war von vornherein klar für mich, daß ich mit dieser Frau keinen längeren Kontakt haben werde. Es gab bestimmt nur wenige Männer, die sich je um sie bemüht hatten. Dann kommt einer, noch so ein toller bunter Vogel, der sich kurz zu ihr ins Nest setzt. Das empfinde ich heute noch als Scham.

Ich merkte, daß man mit einer solchen Frau große Nachteile hat, von anderen Männern ausgelacht, geschnitten oder bemitleidet wird. Ein gesellschaftlicher Druck, dem man sich schwer entziehen kann, vor allem, wenn man seine Freizeit in Grüppchen verbringt. Da ich nur aus dem Interesse des Beobachtens heraus mit der Frau in Kontakt getreten bin und Zuneigung geheuchelt habe, empfand ich mich als absolutes Schwein. Es gab nichts Hübsches an ihr, und das blieb auch so, weil ich mich nicht hingeben konnte, gar nicht offen für das war, was sie vielleicht irgendwo ausmacht.

Dann die Nymphomanin, eine Frau, über die die wildesten Geschichten auch im Freundeskreis kursierten, wie schnell man mit ihr ins Bett gehen kann. Das war nicht mein Interesse. Mein Interesse galt den Gefühlen dieser sexuell so freizügigen Frau, denn über die mußte sie doch auch verfügen. Kann man nicht ein echtes Interesse auslösen, ein menschliches, kann man sie nicht so faszinieren, daß sie über ihren reinen sexuellen Wunsch hinaus echte Zuneigung zu einem Mann gewinnt? Ich wollte bei ihr eine stärkere Position einnehmen als die anderen. Das ist tatsächlich gelungen. Als sie mir gestand, nicht mit mir ins Bett gehen zu können, weil sie Angst habe, hat mich das gefreut. Ich empfand es als Erfolgserlebnis, daß ich bei ihr ein Gefühl auslösen konnte, das über die rein sexuelle Befriedigung hinausgeht. Daß es sich für sie lohnt, nach etwas anderem im Leben Ausschau zu halten. Ich aber wollte dieses andere nicht sein. Sie empfand mich als wertvoll, doch für mich war sie irgendwie wertlos, weil sie so viele rasche Kontakte zu unterschiedlichen Männern hatte. Ich zog mich von ihr zurück.

Ich denke zurück an eine andere Ehefrau, die nur Sex wollte. Sie läutete an meiner Tür, hallo, da bin ich. Ich dachte, wir trinken einen Kaffee, reden ein bißchen, sie steht auf: So, jetzt gehe ich ins Bett. Aus heiterem Himmel, nach zwanzig Sekunden, ausgezogen und nackt ins Bett. Das sind so Geschichten, wie sie Männer gern in billigen Hausfrauen- und Schulmädchenreports sehen. Es war genau so. Ihr Mann kommt morgens von einer Dienstreise zurück, sie schickt ihn noch zum Brötchenholen, bevor er zur Arbeit geht, und ich bin vormittags zum Frühstück bestellt. Das war für mich schlimm, daß eine Frau ihren Mann auf so kaltblütige Art und Weise betrügt. Sie hatte das Heft in der Hand, hatte diese dates gewollt. Ich mache ihr keinen Vorwurf. Es gab mir nichts. Ich machte nur mit, weil es neu war.

Angstfrei durch die Welt laufen, ausprobieren – Männer können das. Frauen müssen allein schon das physische Gewaltpotential der Männer fürchten. Ich war mir immer sicher. Auch deshalb, weil ich die Grundbedürfnisse meines Lebens selbst erfüllen kann, Wohnung, Essen, Auto, Urlaub. Wären diese Begegnungen mit einer Lebensumstellung verbunden gewesen, wäre das Suchen, das Schnuppern schwieriger gewesen. Ich konnte immer wieder auf meine Basis zurückkehren, weil ich um meine beruflichen Fähigkeiten wußte. Und weil ich mir die Zeit einteilen konnte.

Nach dem Studium, der Berufsausbildung, stand ich vor der Wahl: Angestelltenverhältnis oder Selbständigkeit. Während des Studiums muß jeder Student an der Seite eines Ingenieurs arbeiten. Wenn man die Augen dafür hat, lernt man das Berufsleben genau kennen. Ein halbes Jahr bei Siemens, das Geld kommt unaufgefordert und jeden Monat. Ich legte auf diesen Status keinen Wert. Ein Riesenvorteil, ich hatte keinen Druck, sah die Erfüllung des Lebens nicht in materiellen Dingen.

Der Kontakt mit anderen Menschen ist viel bunter

und reicher als jeder Besitz, der nur belastet, ebenso die Sicherung des bisher Erreichten. Und daß die anderen für den Besitz einem nichts geben, oder ganz wenig, war mir auch früh klar. Besitz erzeugt nur Neid bei anderen. Menschliche Zuneigung gibt es dafür nicht. Nur von Frauen, die schön sind – und langweilig. Ich schaute mir die Reichen genau an. Ihr Leben ist dermaßen trist, einseitig, langweilig, erschreckend. Man meint, daß sie durch finanzielle Möglichkeiten ihr Leben bereichern können, das ist nicht richtig.

Der Reichtum liegt woanders, den Gedanken hatte ich schon früh. Wenn eine Frau kommt, die bunt ist, bereichert sie mein Leben, daraus kann man schon eine schöne lange Zeit machen. Ich war damals auch bunt.

Wichtig ist, daß eine Frau meine skurrilen Wünsche, spontanen dummen Ideen akzeptiert, daß sie quasi das Kind im Manne austoben läßt, ohne daß es Angst haben muß, weggeschickt zu werden.

Der Wunsch nach Beständigkeit ist immer mehr zurückgestellt worden, weil ich das so nicht gefunden habe. Schließlich und endlich begnügte ich mich damit, eine Frau zu finden, mit der man alle Probleme irgendwie meistern kann, die einen positiven Grundcharakter hat. Ich erwartete nicht mehr, daß Frauen für mich einen neuen Lebensinhalt bilden, sondern daß ich mit ihnen zusammenleben kann, tagtäglich. Natürlich gehört eine gewisse Intelligenz dazu. Ja, das war eine Zurücknahme meiner Ansprüche.

Ich setzte also weniger auf die verändernde Kraft der Frauen, mehr auf meine eigene. Mit einem Freund gründete ich ein Kabarett, das war Mitte der achtziger Jahre. Das hatte eine wichtige Funktion. Wichtig für mich deshalb: Man beschäftigt sich mit politischen, gesellschaftlichen Zuständen, man macht Witze, stellt bestimmte Dinge in einen Kontext und spürt, daß andere Menschen darauf anspringen. Daraus entstand bei mir der Wunsch, die ganze Erkenntnis von der Welt aufzuarbeiten, auf den Punkt zu bringen, ein Publikum zu haben. Ich hätte nichts anderes daraus machen können, die Lebensfreude, das Lachen, darum ging's. Mit dem Freund konnte ich mich über unsere Erkenntnisse austauschen, über die Welt und auch über die Frauen. Wir hatten tiefe Einblicke, von denen die anderen zwar auch wußten, die sie aber nicht so deutlich aussprechen, nicht auf den Punkt bringen konnten. Da hat man sich mit seinen Wünschen, Bedürfnissen und eigenen, oft selbst gemachten oder selbst angelegten Fesseln als Mensch in Frage gestellt.

Das hat das Publikum sofort kapiert, das hat auch bei anderen geschlummert. Denn man kann nur über das lachen, was man kennt. Wir hatten Erfolg, waren immer ausverkauft, eine schöne Zeit, lustig und herrlich.

Immer nur Aktivität ist auf Dauer langweilig. Kabarett auch. Heute habe ich keine Lust mehr, meine Energie zu verwenden, um Menschen Unterhaltung zu bieten, die kurz darüber lachen. Doch die Tendenz, Dinge immer wieder anders zu machen, ist noch da.

Seit acht Jahren bin ich mit meiner jetzigen Lebenspartnerin zusammen, wie schon gesagt, keine Skurrile, sondern eine Bodenständige, Zuverlässige und nicht nachtragend. Wenn ich mich entschuldige für etwas, das ich begangen habe, nimmt sie es an und verzeiht mir. Der Rückweg ist prinzipiell nicht verschlossen. Das Gefühl der Freiheit wie früher ist natürlich nicht da. Wie jede Frau, ist auch sie selbstverständlich eifersüchtig. Die Angst, daß sich eine andere in mich verliebt und mich nimmt, ist da. Offenbar sieht sie darin eher die Gefahr, als daß ich mir eine nehme. Aus eigener Erfahrung, denn sie war die Aktive, hat lange Interesse gezeigt, mir praktisch wie einem kleinen Buben mit Nachsicht Zeit gelassen und letztendlich das Rennen gemacht. Das war für mich wieder etwas Neues. Ich war mehr defensiv. Sie weiß genau, worauf ich anspreche, und wehe, es bekommt eine andere raus.

Was schon wichtig ist im tagtäglichen Leben: Ich höre beispielsweise etwas im Radio, sehe einen Film, lese ein Buch, gehe ins Theater und möchte darüber sprechen. Das kann ich mit ihr. Mit vielen anderen Frauen konnte ich das nicht. Die konnten nichts dazu beitragen. Sie kann vor allem aus ihrer weiblichen Sicht etwas beisteuern. Das interessiert mich, kein dozierender Vortrag, sondern ein Gegenpol, der mich korrigiert. Zum Beispiel hatte ich letztens einen ärgerlichen Vorgang, den ich anzeigen mußte. Tagelang entwarf ich einen Brief, verwarf ihn wieder. Schließlich gab ich ihr den Entwurf. Mir war wichtig, was sie darüber denkt, ich wollte ihre Emotionalität hören und erwartete nicht, daß sie mir die entschlüsselt. Das ist Lebenseinsicht. Früher hätte ich das genau begründet haben wollen. Ich setze auf ihr Lebensgefühl, ihren Instinkt. Sie ist für mich wie eine Meßlatte. Ich brauche jemanden, der mich immer wieder auf den Boden der Tatsachen zurückführt, und das ist sie.

Natürlich hätte ich auch gern ein Kind. Das hat sich aber nicht ergeben, leider. Mit meiner jetzigen Freundin ist es zu spät. Sie hat Angst, daß sie biologisch zu alt dafür ist, traut sich das mit Ende Dreißig nicht mehr zu.

Sie hätte nichts gegen eine Heirat, das wäre ihr recht. Hochzeitsfeiern sind mir ein Graus, schon als Gast. Und wenn ich mir vorstelle, ich bin der Bräutigam ... Ich weiß selbst nicht, woher die Blockade im Kopf gegen das Heiraten kommt. Es hat nichts damit zu tun, daß ich mir nicht vorstellen könnte, mit dieser Frau alt zu werden. Sie hat ein sonniges Wesen, ist nicht schwermütig, immer wieder nett anzuschauen, es spricht nichts dagegen ...

Es kann schon sein, daß ich ihr diesen Wunsch erfülle, wenn ich das Gefühl habe, damit nicht mein Leben zu versperren. Eigentlich ist unsere Beziehung wie eine Ehe, und die Frau ist die ideale Lebenspartnerin für mich, hat eigene Interessen, näht gern, kann sich beschäftigen, während sie auf mich wartet. Sie ist froh, wenn ich da bin. Das empfinde ich als angenehm.

Im Beruf habe ich die Möglichkeit, meinen Intellekt auszutoben. Ich bin immer noch einer, der in der Welt herumguckt, alles genau betrachtet, mit Freude. Da meine Arbeit technisch so komplex ist, daß sie keine Störung von außen verträgt, arbeite ich am liebsten nachts. Meine Lebenspartnerin treffe ich jeden Vormittag. Wir frühstücken lange miteinander, reden. Im Urlaub ist unsere Beziehung ganz harmonisch und intensiv. Da sind wir ein Herz und eine Seele, auch an Wochenenden. Wir stimmen mit unseren Freizeitaktivitäten überein, ein glücklicher Zufall.

Wobei mir natürlich klar ist, daß ich dieses Forscherleben nicht mehr so ausleben kann. Das ist zur Zeit auch nicht mein Wunsch. Sie ist zum richtigen Zeitpunkt gekommen, ein ruhiger Hafen. Ich bin zufrieden mit meinem Leben.

Naja, ein wenig Unzufriedenheit ist doch da. Ich hätte es gern ein bißchen bunter, möchte einfach noch nicht in Ruhe und Zufriedenheit dem Tod entgegenleben. Gegen zufriedene Phasen ist nichts einzuwenden, aber als Dauerzustand ist mir das zu langweilig. Und daß es nur im Kopf sprudelt und äußerlich nichts passiert, ist mir zu wenig. Jetzt ist die Frage: Wie schaffe ich das? Wie kann ich es gestalten? Macht sie mit? Hat sie die Kraft, es durchzustehen, gegebenenfalls zu warten, daß ich zurückkomme? Denn daß ich zurückkomme, ist keine Frage für mich.

ISBN 3-359-00845-6

1. Auflage

Umschlaggestaltung: Büro Z, Bern
Umschlagbild: »Dandy«, LEN SHIRMAN
Druck und Bindung: Druckhaus Köthen GmbH